管理能力開発のための [改訂版]
インバスケット・ゲーム
In-basket game

著者◎槙田 仁
伊藤隆一・小林和久・荒田芳幸・伯井隆義・岡 耕一

金子書房

改訂版 序

　『産経新聞』2006年9月24日号朝刊の記事「群れないニッポン　二極化のなかの多様性」によれば，社会経済生産性本部の調査（2004年）によると，経営幹部を早期に選抜・育成するプログラムを導入している上場企業は約3割，検討中の上場企業は4割にのぼり，企業が，自力でキャリアを育てようとする時代が再び到来しつつあるとのことである。

　同じ『産経新聞』2007年4月20日号朝刊の記事「今年の新入社員　実力より年功重視」では，日本能率協会の調査で，2007年の新入社員は，年功主義を好む人が49.1％，実力主義を好む人が48.3％で，年功主義の会社に，より魅力を感じていることがわかったとしている。年功主義が実力主義を上回ったのは2001年の調査開始以来初めてで，日本能率協会は「リストラで苦しむ親の姿を見てきたため，競争を避ける傾向があらわれた」と分析している。実力主義を好む比率は2003年（73.5％）をピークに減少，2006年の新入社員調査では実力主義が63.8％で，年功主義が34.6％だったという。

　また，『AERA』2008年4月7日号の2つの記事，「成果主義なんかいらない　トヨタの『職場革命』」，「世界の流れに遅れた日本の人事制度　ミドルの復権こそ脱成果主義の課題」によれば，成果主義は問題が多いと多くの企業が気づいているという。それらの企業の新しい施策に共通するのは，数値化されにくい「役割」「チーム力」の再評価，フラット化されすぎた組織の見直し，リーダーシップ開発，中間管理層（ミドル）への動機づけ対策，若年層への脱成果主義的人材育成策だという。

　いずれも，企業とそれをとりまく環境の変化をうかがわせる一片の情報である。

　われわれは，いわゆる「失われた10年」のなかで，成果主義は，人件費の抑制，人的資源のリストラ・再配分という点では不況脱出のための施策とはなりえたかもしれないが，従業員のモティベーション，人材・キャリア育成，企業の総合的組織力という側面を積み残してしまったと考えている。加えて，人事マネジメントのなかで，わが国の企業・組織管理者の元来あまり得手とは思われない人材把握能力・人材育成能力をさらにいびつなものにしてしまったとも考えている。しかし，ここ数年われわれのもとには，30年来継続して行ってきた「インバスケット技法開発プロジェクト」や「SCTを用いた人材の採用・登用・育成プログラム」のほかに，「退職者を減らすためのマネジメント・プログラム」「管理職のキャリア育成プログラム」などに関する相談・要請が，次第に寄せられるようになってきていた。

　われわれは，企業マネジメントの潮目の変化を感じていた。

　時を同じくして，金子書房より，本書の改訂を依頼したいとの連絡をいただいた。1988年に活版印刷で初版を発行し，その後増刷を重ねたが，紙型が磨耗し印刷状態が次第に悪化しているので，改版したい，ついては，この際，内容を改め，改訂版として新たな本を作ってみてはどうかとのお勧めであった。

大変うれしいお話であり，多少大げさにいえば，"わが意を得たり，時代がやっとこの本に追いついてきたのだ"という感慨すら覚えた。

われわれはすぐに改訂の方針を取り決める作業にとりかかった。

ただ，時代が変遷しようと，"管理能力開発のため，管理職（候補）の教育・訓練用のインバスケット・ゲームを企業のスタッフで作成できるように著したマニュアル"という本書の内容はすでに完成されたものであり，その価値は変わらないと考えた。そこで，①パーソナリティや組織マネジメントの考え方の進歩にあわせて，それらの描き方に工夫を加える，②インバスケット・ゲームの内容・構成の全体像を損なわない範囲で，事例やその表現方法に現在の流れを付け加える，という２点に絞って，改訂を行うことにした。そうしてできあがったのが，本改訂版である。

本改訂版の刊行がさらに年を重ねて，組織・企業にとっても，従業員にとっても，新しい時代の新しい生き方を見いだす一助となることを心より願ってやまない。

本改訂版の刊行にあたっては，前述の株式会社金子書房の皆様に，ひとかたならぬご配慮，ご助力をいただいた。改めて，衷心よりお礼申し上げる次第である。

2008年5月

著　者

序

　本書の目的は『管理能力開発のための教育・訓練にとって有力なツール』である『インバスケット技法』の紹介である。
　しかし，紹介といっても，本書はいわゆる翻訳的文献紹介の書ではない。本書を参考にすれば，"自社版インバスケット"が，その企業のスタッフで作成できるようにした，いわば"マニュアル"である。"手引書"にしては大部であるが，技法の性質上こうならざるをえなかった。その点は本書を読めば理解していただけると思う。このような次第なので，なるべく実際の作成に役立つノウハウを書くように心がけた。また，研修の実施方法などについても，実際よく質疑のでる問題，実施にあたって気をつけるべき点などに留意して書いたつもりである。
　顧みれば，著者が『新・管理能力の発見と評価』（佐野・槇田・関本，1987）のなかで，管理者の「適性評価のためのテスト・バッテリー」ならびに「教育・訓練手段のバッテリー」のモデル（本書 pp.31-55）を提供してより10数年の歳月がたった。当時，著者は"1つのスキーム"ならびに"適性評価のためのテスト・バッテリー"のサンプルは一応提供できたと考えた。しかしながら，教育・訓練のためのツールはいまだ作成していなかった。その時以来，それが著者の宿題の1つになった。近い将来，そのような"管理能力開発のための教育・訓練"に使える，実際的で役に立つ道具を作りたいと考えていた。
　そして，その有力なツールの1つに『インバスケット・ゲーム』がなりうるであろうと考えていた。諸般の事情で10数年の歳月がたってしまったが，今，ここに，そのようなものが，まがりなりにもできて肩の荷が1つおりたというか，借りを1つ返したような心境である。
　本書を読めばおわかりいただけるように，"管理能力の適性評価と教育・訓練"とは同じではない。この辺の理解が後の問題の前提となる。そこで，本書の構成は，第Ⅰ部として管理能力とパーソナリティの問題について概観し，両者の位置づけ，さらに評価と開発の問題について述べた。もちろん，人間は複雑な生物であり，そう単純に割り切れるものではない。しかし，同時に，このような概念図式を作成することは，共通の認識をもつために必要であろう。
　次に，第Ⅱ部はそれを受けて，インバスケット技法の紹介にあてた。といっても，これも第Ⅰ部同様，あくまでインバスケット技法の理解と"自社版インバスケット・ゲーム作成"に役立つということを目的にしている。
　という次第で，第Ⅱ部第4章ではインバスケット技法の紹介をし，第5章ではイラストとして現在までに日本で作られた実例を具体的に紹介することにした。
　しかし，ここで思わぬ難問にぶつかってしまった。というのは，現在，選抜・研修に使用中のものをすべて載せるということは，インバスケットの性質上具合が悪い。"評定・選抜用"のものはことにそうである。たとえ具体例は省き，全体の構成，各アイテムのねらいなどのみにおさえたとしても，それがヒントになる可能性があれば，紹介は遠慮せざるをえない。このような次第で，ほ

とんどのケースがあたりさわりのない紹介にならざるをえなかった。これでは，実際に"自社版"を作成しようという人には舌足らずである。まさに，"あちらたてれば，こちらがたたず"である。しかし，「幸い!?」というのもおかしいが，第Ⅲ部で述べるような事情で，「慶応産研版」のケースはその後使われなくなったので，紙数の許すかぎり，具体的な問題を載せることにした。これと第Ⅲ部で紹介する「改訂前のT電力版のケース」をあわせてみれば，なんとか全体の構造，作成のポイントなどがうかがえるのではないかと思う。

このような次第なので，第Ⅳ部の事例編には，できるだけ支障のない範囲で"現物のままのケース"を載せてある。

次に，第Ⅱ部第6章では，これを受けて，インバスケット技法の特徴の吟味・活用法にふれた。

以上の前提で第Ⅲ部が書かれた。

ここでは，ある電力会社の「新任営業所長」の教育・訓練用インバスケット・ゲームを紹介する。再三述べてきたように，これをみれば"自社版"が作成できるように，計画から研修の実際にいたるまでをあたうかぎり載せるように心がけた。

「インバスケット」は数少ない管理者研修に適した技法である。各企業がこの書を参考にして"自社版"を作成し，研修に効果をあげることができれば幸いである。

この研究の実施過程においては数えきれないほど多くの方々から御協力・御援助を受けた。慶応産研版インバスケット・ゲームの作成を一緒に行った畏友 慶應義塾大学文学部教授 佐野勝男君，同経営管理研究科教授 関本昌秀君，また，当該ケースの作成・実施に御協力いただいたD百貨店の多数の関係者の方々に厚く感謝の意を表します。さらに，T電力版インバスケット・ゲームの作成・実施に多大な御協力をいただいた担当者の方々，また，データの解析，その他に種々御協力いただいた慶應義塾大学大学院社会学研究科修士課程院生 兼高聖雄，岩熊史朗，西村麻由美の諸君（肩書は当時）に御礼申しあげます。

最後に遅ればせながら，本書の出版を快く引き受けてくださった金子書房社長 金子誠司氏，同じく編集・校正に御配慮いただいた飯沼隆義，篠木宏平の両氏に心から感謝の意を表したいと思います。

1988年3月

著　者

目　次

改訂版 序

序

第Ⅰ部　管理能力とパーソナリティ

はじめに ……………………………………………………………………………… 3

第1章　パーソナリティ …………………………………………………………… 9

(1) パーソナリティの構造（旧スキーム）———9
(2) 能力的側面の把握———12
　　知能／認知作用／判断作用／精神的分化度／精神的分化度と知能指数の関連性
(3) 情意的側面の把握———15
　　意志作用／気質／気質と能力的側面の関連性／性格（狭義）
(4) 指向的側面の把握———21
　　生き方・価値・興味／役割行動／気質・性格（狭義）・役割の階層
(5) 力動的側面の把握———23
　　内的世界の安定度
(6) パーソナリティの決定要因———24
　　個体的要因／家庭的要因／社会的要因
(7) 槇田の新しいパーソナリティ・スキーム———25
　　WAI研究よりの帰結／旧スキームと基準書の対応／旧スキームとクラスターの対応／新しいパーソナリティ・スキーム／新しいパーソナリティ・スキームとテスト・バッテリー

第2章　管　理　能　力 …………………………………………………………… 31

(1) 管理行動・管理能力・パーソナリティ———31
　　適性とパーソナリティ／管理行動とパーソナリティ／管理行動・管理能力・パーソナリティ——レベルの対応関係
(2) 管理能力の構造———34
　　管理者の適性要件／管理能力のカテゴリー／管理技能／管理行動を直接支える素材的なパーソナリティの要素／管理能力と職種・職階／管理能力の可変性

第3章　管理能力の発見と開発 ………………………………………………… 43

(1) 「管理能力の発見と開発」システム———43

vi　目　次

　　　　　　　　ヒューマン・アセスメント／「管理能力の発見と開発」システム／心理学的職務分析／管理能力の分析と把握
　　(2) 個人別 能力評価・能力開発────49
　　　　　　　　個人別 管理能力 評価・育成／管理能力 評価・育成の時期
　　(3) 真の目的別人事管理────53

第Ⅱ部　「インバスケット・ゲーム」開発の史的瞥見ならびに現状

第4章　「インバスケット技法」とは …………………………………… 59
　　(1) 「インバスケット技法」開発の概要────59
　　(2) 「インバスケット・ゲーム」の内容────60
　　　　　　　　ゲーム問題（インバスケット内の未処理書類）の作成／アクションシートの作成／採点手引書の作成

第5章　日本のインバスケット技法 ……………………………………… 65
　　(1) 慶応ビジネス・スクール版（KBS）インバスケット・テスト────65
　　　　　　　　「背景情報」の設定／「テスト問題」／「評価基準」の設定／「KBSインバスケット・テスト」の有効性の検討
　　(2) マネジメント・サービス・センター版インバスケット────70
　　(3) リクルート版インバスケット────72
　　(4) 慶応産研版インバスケット・ゲーム
　　　　　────ある百貨店のインバスケット・ゲーム────73
　　　　　　　　インバスケット・ゲーム作成のねらい／状況の設定／「背景に関する情報」の作成／「ゲーム問題（インバスケット内の未処理書類）」の作成／「採点手引書」の作成／インバスケット・ゲーム研修の実施／各評価の説明／インバスケット・ゲームの選抜使用可能性の検討

第6章　インバスケット技法の特徴の吟味ならびに活用法の検討 ……… 91
　　(1) インバスケット技法の特徴の吟味────91
　　(2) インバスケット技法の活用法の検討────95
　　　　　　　　評定・選抜用インバスケットの検討／教育・訓練用インバスケットの検討

第Ⅲ部　管理能力開発のための「インバスケット・ゲーム」
　　　　────教育・訓練用ゲームの作成法ならびに活用法

第7章　管理能力開発技法の検討 ………………………………………… 99

第8章　インバスケット・ゲームの作成法ならびに活用法 …………………… 104
　　(1)　作成上の問題点───104
　　　　　　構成／研修プログラム／シミュレーション／その他
　　(2)　研修実施上の注意すべき点───106

第9章　T電力版インバスケット・ゲーム ……………………………………… 109
　　(1)　「営業所長」のケース───109
　　　　　　導入に関する基本方針／デザイン／「背景に関する情報」の作成／「ゲーム問題」の作成／「評価基準」の設定
　　(2)　「電力所長」のケース───120
　　　　　　「背景に関する情報」の作成／「ゲーム問題」の作成／「評価基準」の設定

第10章　研修の進め方 …………………………………………………………… 124

第11章　追跡調査 ………………………………………………………………… 126
　　(1)　方　法───126
　　(2)　結果および考察───126

第Ⅳ部　事　例　編

　　(1)　「慶応産研版」のケース（抜粋）───131
　　(2)　「T電力版（営業所長）」のケース（抜粋）───162

　参　考　文　献　　185
　あとがき──インバスケット作成・実施上のノウハウと補足──　186

第 I 部

管理能力とパーソナリティ

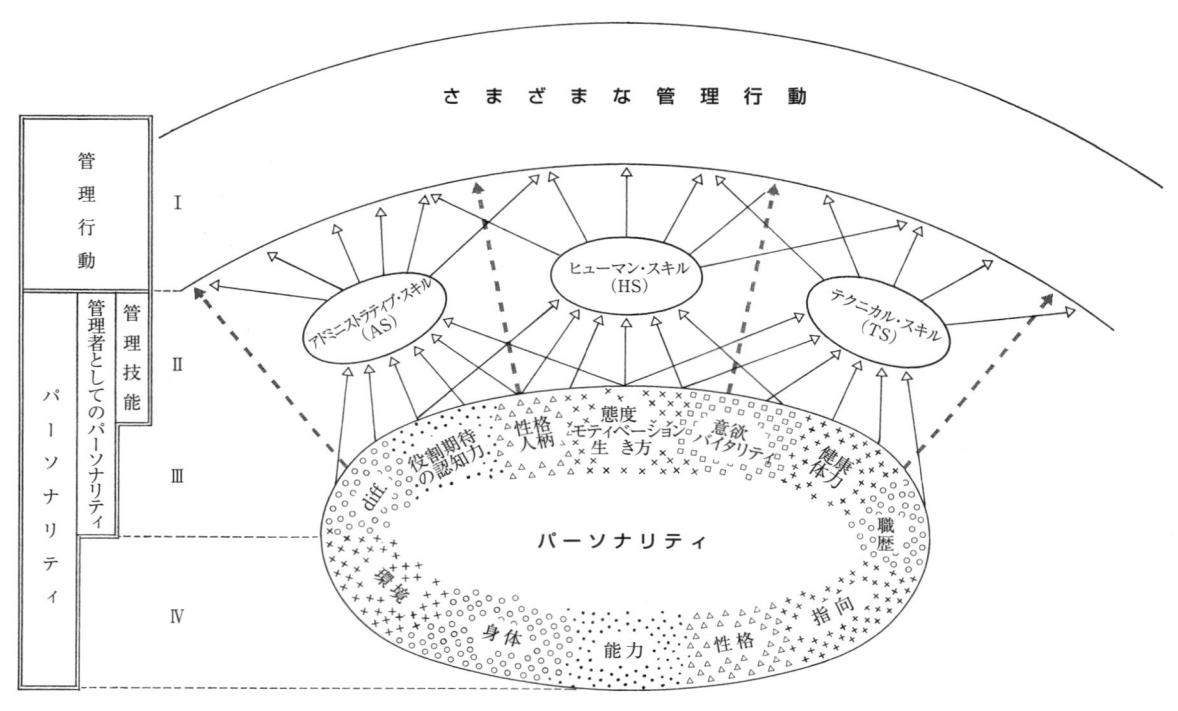

はじめに

　洋の東西を問わず，"人材の発見と開発"の問題は現代の産業組織の中心課題の1つである。
　欧米，とくにアメリカでは，第二次世界大戦の前後より，"人材の発見と開発"の問題が急速に産業界・学界の注目を集めるようになった。実際，数多くの企業や研究者がこうした問題にとりくみ，その成果に関しては枚挙に暇がないほどである。
　たとえば，管理能力のアセスメント（評価・選抜・適正配置・人材の発見）技法では，1950年代に開発されたアセスメント・センター・メソッド（The Assessment Center Method）やエクソン流の方法（The Personnel Development Series）が有名である。
　また，管理者育成（能力開発・教育・訓練）プログラムとしては，軍や企業の開発した"講義法・会議法""ビジネス・ゲーム""感受性訓練""リーダーシップ訓練""科学的実務教育（OJT・ジョブローテーション）"，そして"インバスケット技法"などがよく知られている。
　関本ら（1977）の見解をもとに，アメリカで，"人材の発見と開発"研究が盛んになった理由を考えてみると，主としてつぎのような事項があげられよう。
　1．企業の拡大化・多角経営化などによって，管理職ポストが急増したこと。
　2．個人の優れた能力・活力こそ，企業のバイタリティを保つ必須条件であるという認識が高まったこと。そのために，ビジネスにプラスになるような有能な人材を早く発見・育成・活用しようという機運が高まったこと。
　3．企業の拡大化・多角経営化・技術革新の発展などによる管理業務の高度化・複雑化が進んだこと。それによって，職務に耐えうる有能な管理職を早くから育成・活用していくことが急務となったこと。
　4．高学歴化・技術革新による人材の老廃化・休日の増加などによって，有能な人材が実際に活躍できる期間が短くなってきたこと。そのため企業は，人材の有効活用の観点から，有能な人材を早期に発見し，また，活躍期間を延長させるためのプログラムの開発を急いだこと。
　5．ラインによる人事管理が一般化してくると，従業員のアセスメントや後継者の育成も，大部分，部門長の責任権限に委ねられるようになってきた。しかしこのような人事管理の方法は，部署ごとの評価基準の偏りをなかなかとりのぞくことができない。そのために企業が，客観的なアセスメントの方法を模索しだしたこと。
　6．上に述べたような産業界の要望・期待を契機に，学界でも，"職務分析""動機づけ""学習理論""モラール""組織・集団の構造と機能""リーダーシップ""組織と環境"といった組織・経営に関する研究が成果をあげつつあったこと。
　一方，日本の事情はどうであろうか。
　ふたたび，関本ら（1977）の見解を参考に，日本の現状を分析してみよう。

いうまでもなく，すでに述べた諸状況は戦後の日本企業をとりまく背景状況でもある。わが国では以下のような諸要因も加わって，今後ますます積極的な"人材の発見と開発"が必要とされる事態が予想される。

1. オイルショックを境とする，高度経済成長路線から安定成長・低成長路線への転換は，"有能な管理職"像にも変化をもたらした。忠誠心あつく，長年にわたる経験のつみかさねによって身につけた専門知識とバイタリティを活用して業務を遂行する，"ブルドーザー"型の管理者が，オイルショック以前の管理者の理想像であった。しかしオイルショック以降は，高度で複雑化した管理業務に対応できるよう，科学的管理技能を身につけた，頭をつかう管理者が求められるようになってきている。この点は，21世紀初頭の現在も基本的に変化はない。

2. 集団責任体制・稟議制度・責任と権限のあいまいさといった，いわゆるオミコシ経営は，日本企業の象徴であった。最近変化の兆しはあるものの，学歴や年功が幅をきかし，終身雇用制が常態化している。企業も従業員もアセスメントをきらい，個人の能力を生かすための教育・訓練制度も十分に機能しているとはいえない。

　終身雇用制がどのように推移していくのか現状での判断はなかなかむずかしいが，いまだ，転職・中途採用の機会の比較的少ないわが国では，"人材の発見と開発"の問題が，企業・従業員双方にとって，これからますます重要になってくることが予想される。

3. 現代の従業員の意識・行動を支配しているのは社会的・心理的要求である。彼らはもはや一昔前のように，賃金・会社の大きさ・安定性といった物理的・経済的刺激のみによっては動かない。それよりも，彼らに対しては，いかに彼らの能力や性格にあった職務を割りあてるか，いかに業務遂行上の権限を委譲するか，いかに業績を客観的に評価するか，といった「動機づけ」を重視した施策が重要となってきている。

4. しかし1980年代中期までは，前述の社会的・心理的要求や動機づけをバネにいわゆる日本型経営を活用し，QCや改善をコストダウンの原動力にして経済成長に貢献してきた産業界の状況が，1985年のプラザ合意による政策的円高誘導により一変する。過剰流動性のため市場はマネーゲーム化し，バブル経済と呼ばれるに至る。外圧による金融自由化，系列問題化などの時代の流れはあるものの，バブルの影響は経済面だけでなく，拝金主義的社会風潮までも招来したといえる。

　国際社会の変動は，ベルリンの壁崩壊，ソ連崩壊，湾岸戦争，グローバリゼーション，9.11，ユーロ登場，イラク戦争，中国・インド・ロシアの台頭と続いている。

5. 日本のバブルは1990年代初頭にははじけ，金融破綻を主因としたデフレによる経済の低迷から産業界の多くでリストラ，成果主義が叫ばれた。バブル後の"失われた10年"と呼ばれる経済の低迷期を脱し，回復期に入ったとされる近年，これまでの各企業行動や管理態様の評価についてさまざまな論議が交わされている。その立場は雇用を最優先とした日本型経営を重んじる立場と，市場関係者を最優先とした米国型経営を重んじる立場の2つに代表され，必然的にそれぞれ求める管理者像，人材選別・育成の考え方が異なることとなる。これら2つの立場については，『朝日新聞』（2007年5月19日）の記事（図1）を参考にされたい。

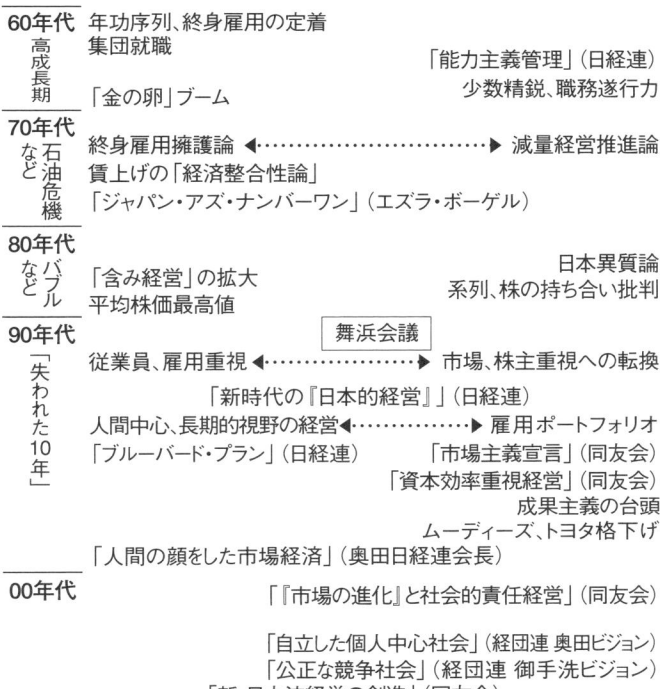

図1　日本的経営をめぐる経営者たちの論議（『朝日新聞』2007年5月19日号より）

6．ここでは，いずれが是か非かを論じるつもりはない。業種によって置かれる背景が異なるとともに，同業種であっても歴史・風土，規模，トップリーダーの考え方により組織運営の方法が異なるのが普通だからである。しかし同様に，日米の管理スタイルに関する議論は，これからの中間管理職の能力や業績のとらえ方，位置づけ，それらを短期・長期にみた場合の意味づけや重点の置き方に深くかかわり，いずれ経営者の組織運営者としての鼎の軽重が問われることになる。

7．現下，企業の社会的責任（CSR），コンプライアンスが強調され，ITが必須の装備となるなかで，短期では定年延長のかたわら団塊の世代の大量退職を迎える。長期的には少子高齢化が不可避のトレンドであり，日本の人口はすでに2006年より減少が始まっている。少子化により，労働力減少が生産性低下やプライマリーバランスの赤字を招くとの危惧のなか，四年制大学進学率は2000年代に入って40％を超え，さらに上昇中という状況で，いわゆるゆとり教育を受けた新人が，今後少なくとも10数年にわたり企業に入ってくることになる。

『産経新聞』（2007年7月3日）の報道によると，各省の若手エリート官僚のキャリアが，欧米大学院へ派遣されても論理展開能力や数学能力に欠け，以前にはなかった悲惨な落ちこぼれ現象が頻発しているという。自然科学系の米国博士号の取得者が中国は年間2,500人，韓国

1,000人に対し，日本はわずか200人という時代である。世界に誇る高い生産性の基盤にあった高い教育レベルは，すでに過去のものとの認識や危機感をもつ企業関係者は少なからずいると思われる。

8．企業の組織形態にあっては戦前から現在に至るまで，さまざまなものが考案，採用されている。しかし組織は煎じ詰めれば，機能別か事業部制のいずれかとなる。しかも組織形態の特徴を生かせるかどうかは，そこに配置されるリーダーの管理能力いかんで決まる。

こうした意味で，管理能力と組織形態では管理能力のほうが優先順位が高い。かつこの能力の育成には一定の時間が必要であるとともに，管理者のリーダーシップには精神的分化度（diff.）を構成する論理力，発想力等のほか自我の強さやエネルギーなどパーソナリティの素材が深く関係する（第Ⅰ部第1章参照）。イノベーション時には一層その感が強い。リスクマネジメントにおいても，リスク発生時，普段から育成練磨している能力以上のものが突然出てくるということがそれほど頻繁におこるとは考えられない。

かくて管理能力の早期発見と計画的育成は，企業経営における組織運営側面の要諦となる。

9．企業の人事担当者は，こうした内外の状況や管理職・従業員の特性をふまえたうえで，組織運営の方向性を定めなければならないという宿命をもつ。

過去全盛であった職能資格制度をすべてではないにしても人事システムの中に残すのか残さないのか，コンピテンス理論は正当な実力判定ができたと評価するのかしないのか，成果主義はその功罪からして残すのか残さないのか，管理職人材の発見と開発を組織運営の仕組みとして取り入れるのか取り入れないのか，それは入社選抜の段階から行うのかもっと後で行うのか等々，検討すべき課題は多い。仮説設定段階で，試行錯誤しなければならない場合も多いものと思われる。

10．環境変化がより一層激しくなる今後，それに即応できる人材育成が急務である一方，育成には時間がかかる。比喩的にいえば，ハードやソフトの技術発展のスピードに比べて，パーソナリティの成長のスピードは概してゆっくりで，そのうえ，組織への求心力をなくすと退行することもある。モティベーションが低下すれば，離職率アップ，疑心暗鬼が生じ，それがさらにつぎの信頼喪失を招くという悪循環が始まり，ついには組織破綻に至る。したがって経営全体の発展には，これらの異なるスピードバランスを考慮した長期的視点が不可欠となる。

人は物や道具ではないのである。

しかし，わが国の現状では，システムとして"人材の発見と開発"が積極的な意味でとりあげられることが少ない。むしろ，管理職・従業員の滞留現象に対応する急場の措置として，昇進を抑えたり，"肩たたき"の対象を選別したり，出向社員への教育・訓練に活用したり，といったぐあいに消極的な意味でこの問題がとりあげられる場合も多い。

もとよりわれわれは，わが国の従来の人事考課制度と，それにもとづく昇進・昇格・配置転換・能力開発システムを否定するものではない。ベテランの人事担当者の目は，どんな心理学的アセスメント技法をも凌ぐ的確さを有している。しかし同時にそれは，すでにできあがったものであり，またさまざまな欠点を見せてもいる。

本書，第Ⅰ部の目的は，従来の制度では目のとどかない管理能力の諸側面をもふくめて，心理学的に体系化した，新しい"人材の発見と開発"システムを提示することにある。

　それでは，"人材の発見と開発"とは，具体的にどのようなことを取り扱う領域なのであろうか。

　本書は中堅管理者の教育・訓練用"インバスケット・ゲーム"の開発・普及を意図して書かれたものである。したがって今後は，"人材"を"有能な管理者"の意味で，"発見・開発されるもの"は"管理能力"として，話を進めていくことにする。

　従来用いられてきた"管理能力"という言葉には，実は二重に2つの意味が混在していたように思う。

　まず，"管理能力"という言葉は，広義と狭義とその用いられ方で，ふくまれる能力の大きさが異なってくる。

　広義では，優れた管理行動を支えるさまざまなパーソナリティ属性の総合化された全体像を意味している。狭義では，計画・組織化・意思決定能力に代表される管理上の専門的能力を意味している。本書，第Ⅰ部では，狭義の"管理能力"を"アドミニストラティブ・スキル"と呼ぶことにする。

　さらに，"管理能力"を"適性"と考えるか，"育成されるもの"と考えるかによっても，その内容が異なってくる。

　一般に，"管理能力の発見・アセスメント"という文脈のなかで用いられる"管理能力"は，"適性"としての能力の意味合いが強いようである。頭の働きやシャープさ，性格のうちの"気質的側面"，洞察力・創造力・認知力・判断力・決断力・意志力・折衝力といった属性がこれにあたる。これらの側面はおおむね20歳代の後半までに形成され，それ以後あまり変わらない。したがって，教育・訓練による能力開発には限界がある。重要な課題は，前向きの"適正配置"の実施であり，また正確で客観的な"アセスメント"技法の開発である。

　一方，"管理能力の開発・育成"という文脈のなかで用いられる"管理能力"は，"可変性の余地のある性格・能力・知識・技能"としての意味合いが強いようである。態度・価値観・興味・劣等感・攻撃性といった，パーソナリティのうちの"指向的・力動的側面"・仕事への積極性・組織への一体感・専門的知識・日常業務の処理能力といった属性がこれにあたる。総合的な能力開発によって，比較的変わりやすい側面である。重要な課題は，形式的・画一的な"教育・訓練"を，いかに組織・職務・個人的属性にみあった総合的アプローチ（組織と環境・組織の態様や制度・動機づけ〔モティベーション〕・リーダーシップ・職務分析・適性の早期発見・育成などの問題との複合的アプローチ）としての"能力開発"に改善していくか，ということである。

　われわれは，従来より，"管理行動・管理能力・パーソナリティ"を3つのレベルとしてとらえてきた。管理能力の基礎をなすポテンシャル・レベルの能力・性格としての"パーソナリティ"，管理者の行動を直接支える適性要件としての"管理能力"，管理能力が発現した結果としての管理者の"行動・業績・成果"が，それである。"管理能力"をこのようにとらえると，"管理能力"の意味の混乱を解消し，"管理能力"の可変性の問題や"適正配置""能力開発"の問題を総合的に取り扱うことが可能になる。

もちろんいうまでもなく，理論的には，管理能力はパーソナリティの一部である。しかし本書，第Ⅰ部では，管理能力を，"基礎的・素材的なパーソナリティとは独立の体系をもつ，管理者の資格・役割として必要な特定の能力の統一体"として取り扱うことにする。そのほうが，管理能力とパーソナリティの関連を説明する場合でも，管理能力の構造を説明する場合でも，その体系をより鮮明にうちだすことができると考えたためである。その点，とくにご留意願いたい。

　以上の関係を図に表すと扉裏の図（第2章の図2-2も参照）のようになる。この図については第2章で改めて述べる。

　以上が，これから本書，第Ⅰ部で，われわれが取り扱う"管理能力とパーソナリティ"の問題への導入である。

　第1章では，管理能力を基礎づけている素材としての"パーソナリティ"について述べる。

　第2章では，"管理能力"について解説し，あわせて，"管理行動・管理能力・パーソナリティ"の3つのレベルの関連性にも言及する。

　第3章では，"管理能力の発見と開発"の方法について述べる。わずかなスペースではあるが，具体的な技法についても言及してみたい。

　なお，第Ⅰ部では，筆頭著者である槇田の過去の著作をはじめとして，数多くの文献を直接・間接に引用している。それらをいちいちあげるのは煩雑になるので，具体的な指摘は原則として割愛した。そのかわり，それらはすべて，"参考文献"のところにまとめて載せてある。そちらを参照願いたい。

第1章 パーソナリティ

(1) パーソナリティの構造（旧スキーム）

　優れた管理行動を支える管理能力のなかには，潜在的に，知的能力とか性格とかいわれる特質がふくまれている。普通，知的能力と性格を総合させた全体像のことを"パーソナリティ"と呼ぶ。管理能力の問題について述べるためには，それを基礎づけているパーソナリティの特質についてまず考えておく必要がある。

　パーソナリティの把握の仕方には非常に多くの立場がある。それは，パーソナリティが多様な側面をもち，複雑な属性で構成されているからである。パーソナリティの属性のなかには，遺伝子にプログラムされた先天的な要素の強い部分もあり，ほとんど体質的に規制される属性もある。また逆に，家庭・社会といった環境の影響により形成される要素が強い部分もあり，乳幼児期の経験が強く影響する属性もある。別な見方をすれば，発達段階に応じて変化・成長する部分もあれば，生涯を通じてあまり変化しない部分もある，ということになる。このような点を考慮に入れたうえで，実際にパーソナリティを把握しようとする立場としては，つぎのようにとらえることが可能であろうと，われわれは考えている。

　「個人は物理的・社会的・文化的環境のなかに住み，それらの影響を受けながら，しかもまた，それらに対してある影響を与えていく1つの存在である。そして，環境に住みながら環境に影響を与えていく，そのような個人の統一体をパーソナリティと見ることができる。その統一体の主な生理的・神経的基盤は大脳にある。すなわち，大脳は個人の行動の統一の所在であり，感情・意識・葛藤・決断などの座である。ゆえに，パーソナリティは大脳に局在される。しかしまた，大脳の究明が生理学的に可能になったとしても，それはパーソナリティの個体的（constitutional）な素材ではあっても，パーソナリティそのものではない。また，われわれは直接には大脳における生理的過程を見ることはできないが，統一体としてのパーソナリティの構造はその個人の言語や行動によって知ることができる。ここに心理学の対象が存在する。ゆえに，心理学者の究明する対象はあくまでパーソナリティそのものである。そして，パーソナリティとはその個人の生まれてから死ぬまでの一続きの系列（人生）である。すなわち，パーソナリティの歴史がそのままパーソナリティそのものであると考えられる」（Kluckhohn, Murray & Schneider, 1953）。

　パーソナリティをこのように考えると，まず問題となるのは，それをいかに把握するかということである。そのためには，構造や機能が分化・成長していくパーソナリティの発達段階をいくつかのエポック（たとえば，幼児期・少年期・青年期など）に切り，その横断面をとらえるのが適当であろう。そして，そのようなエポックごとの横断面の総和としてパーソナリティをとらえることが，

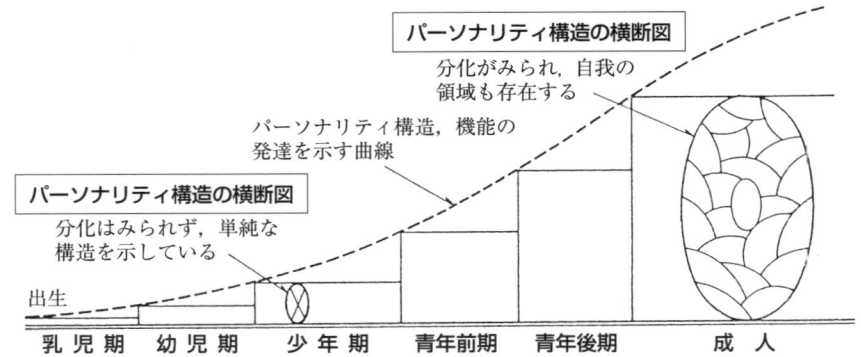

図1-1 パーソナリティの発達過程

発達段階を軽視せずにパーソナリティの把握を可能にする。この点を図式化したものが，図1-1である。

つぎの問題は，この横断面をどのようにとらえるのがもっとも適切で実際的かということである。われわれはパーソナリティの横断面を，以下にあげるような4つの側面（modality）と3つの決定要因によってとらえるのが適当と考えている。もちろん，これらの側面や要因は互いに独立して存在しているわけではない。ただ一応，このように分けてとらえるのが，パーソナリティを把握するうえで，実際的ではないかと考えているわけである。

第1の側面は，能力的側面である。知能・精神的な分化の度合い・評価の客観性・見通しなどの知的能力がこれにあたる。

第2は，情意的側面である。"気質"や"性格（狭義）"（S・Z・E・H・Nといった基本性格類型），意志作用などがこれにあたる。

第3は，指向的側面である。人生観・価値観・生活態度・興味・キャセクション・目標など，その人のトータル・パーソナリティが指向している側面をとらえたものである。

第4は，力動的側面である。欲求不満・ストレス・葛藤・コンプレックスなど，内面生活の安定―不安定の度合いをとらえたものである。

ふつう，情意・指向・力動の3つの側面をあわせて，広義の"性格"ということが多い。

決定要因としては，個体的要因・家庭的要因・社会的要因の3つが考えられる。これらはパーソナリティの内容そのものではない。しかし，パーソナリティの内容（側面）だけを追求しても，どうしてそのようなパーソナリティ構造をもつようになったのかを究明することはできない。決定要因は，パーソナリティの形成過程を考えるうえで，どうしてもおさえておかなければならない要因である。

パーソナリティの内容と決定要因をまとめると，図1-2のaのようになる。このスキームが，われわれが把握したいパーソナリティの構造である。またそれぞれの側面は図1-2のbのような

a．パーソナリティの構造

パーソナリティの内容				決定要因		
能力的側面	情意的側面	指向的側面	力動的側面	個体的要因	環境的要因	
					家庭的	社会的
1　知能、知的作業の能率、IQ 2　人間らしい頭のはたらき、精神的分化度、洞察、見通し、評価の客観性など	気質—性格などのうち、比較的固定的なもの、性格類型など	その人が生きようとしているものの価値観、生活態度、人生観など	攻撃性、劣等感、合理化、逃避、コンプレックスなど その人の住んでいる心理的世界の安定—不安定の度合い	健康、体力、容姿、運動神経など	家族、生育歴、家庭の雰囲気、父・母のパーソナリティ、しつけなど	社会・経済的地位、生活水準、社会生活、職場の人とのつながりなど
	気質→習性→態度→価値観					

b．テストの適用範囲

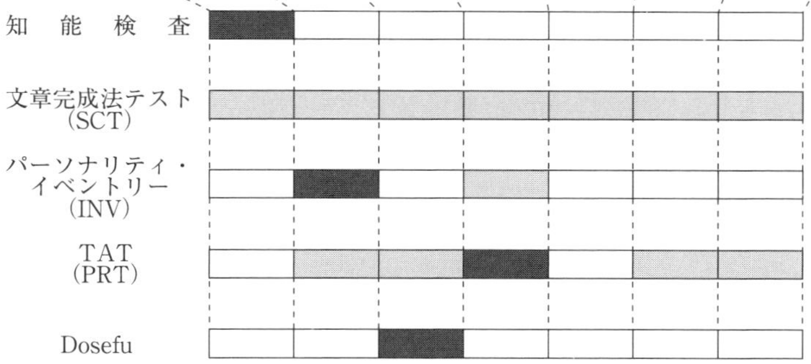

知能検査	■						
文章完成法テスト(SCT)	░	░	░	░	░	░	░
パーソナリティ・イベントリー(INV)		■			░		
TAT(PRT)	░	░	░	■		░	░
Dosefu			■				

黒い部分はそのテストが主にねらった範囲，グレー部分はある程度調べうる範囲，白い部分は調べにくい範囲を示す。

図 1-2　パーソナリティの構造とテスト・バッテリー（旧スキーム）

心理検査群（テスト・バッテリー）によって把握することがある程度可能である。
　それでは，個々の側面・決定要因の把握の仕方について，もう少し詳しく説明していこう。

(2) 能力的側面の把握

　能力的側面，すなわち知的能力は，"不慣れな状況・新しい環境に適応するための問題解決能力"とも考えられる。
　厳密な意味では，"アラビア語を流暢にあやつれる能力""ピッチャーのコントロール"のような経験によって獲得された個別の能力もふくまれる。しかしここでは，個々の獲得された能力ではなく，その前提となる潜在的能力についてだけ述べることにする。管理能力とその前提となるパーソナリティの関係は，ちょうど，"アラビア語"と"語学力"の関係，"ピッチャー"と"運動神経"の関係とほぼ同じようなものであると考えられる。

知　能

　能力的側面の第1の要素は知能である。知能は，いわば，知的作業を行うための能率の良さのようなものである。
　知能の高さは各種の知能検査によって測定できる。知能の高さを表すには，知能指数（IQ）などの指標を用いる。知能指数は正規分布する。つまり，大部分の人の知能指数は平均値（IQ＝100）近くに集中し，IQが130以上の人（相当知能が高い）と70以下の人（知的障害）をあわせても5％に達しない。
　最近では知能は，数的因子・言語的因子・記憶因子・動作性因子などといった多数の因子によって構成されるものと考えられている。そして，個々の因子ごとに優れた人と劣った人がいる。同じ条件で語学の勉強をすれば，言語的因子の優れている人のほうが上達が速い。
　知能は，知的能力の素材のようなものであり，どちらかといえば先天的な要素が強いようである。

認知作用

　知能は知的能力の基礎をなすものである。しかし，知能だけで問題解決能力のすべてを語り尽くすことはできない。知的能力のなかには，知的作業の能率のほかにも，大切な要素がたくさんある。
　たとえば，知能は確かに高いにもかかわらず，"人間感情の機微"にうとかったり（感受性が低く，他者に対する的確な評価ができにくい），あるいは，自分のことについて客観的な評価ができなかったりする人は，どこにでも見かけられることと思う。こうした認知作用の客観性は，生育歴や内面生活の安定性などとも密接に関連しているが，やはり，知的能力の重要な要素である。
　認知作用の主なものをあげると，以下の3つになる。
　1．外界の客観的認知（他者評価）
　　外界あるいは他者のいろいろな属性を，過大評価も過小評価もせず，あるいは歪めたりしないで，あるがままに客観的に正しく把握する能力。

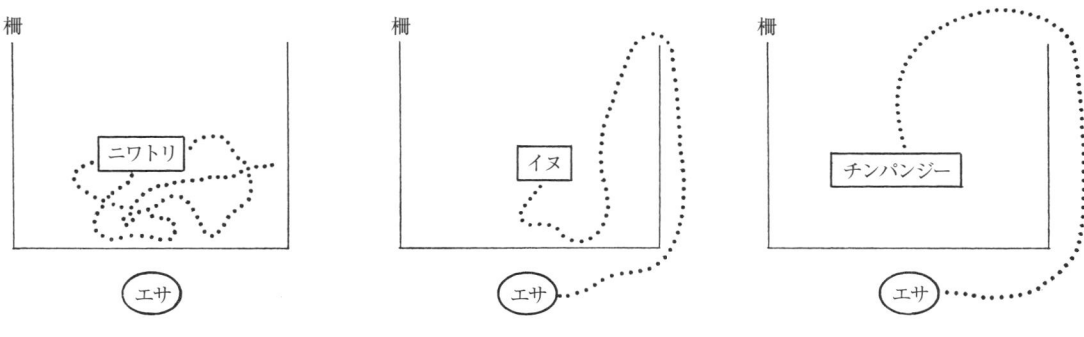

図 1-3 見通しの実験

2．内界の客観的認知（自己評価）

自分について，甘い評価をしたり，手前勝手に都合の良いように歪曲したり，あるいは逆に，きわめて悲観的に解釈したりすることなく，客観的に正しく把握する能力。

そして，自己評価・他者評価の前提として，人間あるいは人間感情の機微に対する感受性が要求される。

3．見通しの空間的広さ・時間的遠さ

エサから少し離れたところに，幾種かの動物をおく。動物とエサの間に，"コ"の字形の金網の柵を据えつける。動物はどのように行動するか。

これは，ケーラーというドイツの心理学者が 20 世紀の初めに行った実験である。図 1-3 をご覧いただきたい。ニワトリはエサに近い柵の周辺をうろうろするのみで，エサから遠ざかり，柵の後ろを回ってエサにたどり着くということができない。イヌはややうろつくものの，後ろを回ってエサにありつくことができる。その点チンパンジーは知的能力が高く，ただちにエサにたどり着くことができる。この差は，与えられた状況をいかに見通しうるかの問題である。また，どこまで目標との距離をおけるか，"迂回"できるかの問題といってもよい。

いずれにせよ，このように与えられた状況をいかに広く見通せるか，いかに遠くまで見通せるかが，問題解決行動には重要である。

判断作用

客観的認知や見通しができたとすると，つぎに問題になるのは判断作用である。

与えられた（認知した）状況について，論理的に考え，的確な判断をくだすことであり，またそのような過程に思考を集中することである。

集中力・論理的思考・的確な判断が判断作用の中心である。

精神的分化度

以上述べたような諸点，すなわち"認知作用（評価）の客観性""感受性""見通し""集中力""論理的思考""的確な判断"などが，人間の知的作用の本質であろう。

つぎに問題にしたいのは，このような内容をなんとか 1 つの概念で包括的にとらえられないか

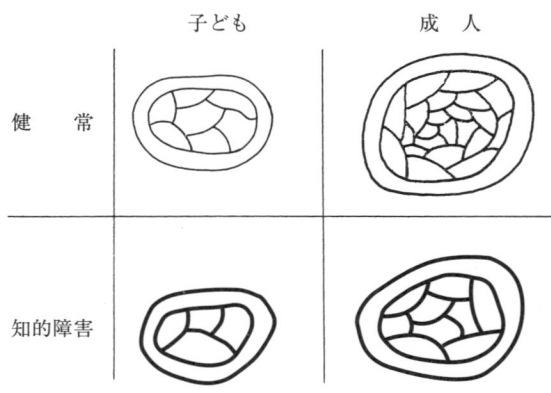

図1-4　精神的分化度（diff.）

という点である。今まであげてきたような知的要素は，要素として随時とらえるとしても，それとは別に，いわば"真に人間らしい知性"のレベルを全体的にとらえる概念が必要ではないか。そして，たとえラフなメジャーでも，段階づけることができれば，パーソナリティの把握にとって非常に便利なことではないか。これはちょうど，素材としての知的能力を"知能指数（IQ）"というメジャーを用いて表すのと同じことである。このような概念とIQとの双方をとらえることができれば，われわれの課題が1つ解決されたことになる。

こうした考えから導入したのが，精神的分化度（mental differentiation；以後，diff.と略す）である。

分化度という概念は，クルト・レヴィンがパーソナリティ理論・発達理論の中心概念として用いたもので，"全体のなかの部分の数"と定義される。図1-4に見られるように，人の内部領域の下位体系の数は年齢とともに増加する。また，精神年齢が高いほど分化度も高く，知的障害児は健常児に比べて，一般に分化度が低く，より素朴で幼児的である。

この分化度を示す図式は，われわれのいう"人間らしい知性"の深さを表すのにちょうどぴったりしている。また，著者の1人槇田と佐野勝男が開発した心理検査の1つ，SCT（文章完成法テスト）から得られる人間の知性の深さのイメージにもぴったりする。

SCTについては第Ⅰ部第3章でやや詳しく説明するが，このテストを見ると，人間にはその内面生活にずいぶん大きな個人差があるものだということが実感としてわかる。同じ暦年齢でも，ある者は豊かな内面世界をもち，その精神生活にはきわめて多くの領域がある。それに反して，ある者は貧弱な内面世界に住み，その精神生活はごくわずかな領域に限られ，精神的に未分化の状態にとどまっている。

それでは，diff.の分布はどのようになっているのであろうか。この点に関しては，現在のところ，知能検査のような，客観的で目盛りの細かな尺度はない。先に述べたSCTを使って，主観的で粗い目盛りの尺度ができるだけである。したがって，厳密な意味で分布がわかっているわけではないが，アプリオリに考えられる予想として，図1-5に示したような，IQと同様の

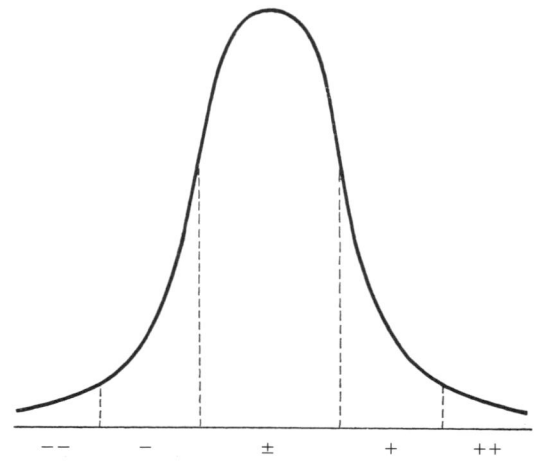

図1-5　精神的分化度（diff.）の分布

正規分布をしているものと思われる。

われわれはこれを一応，＋＋・＋・±・−・−−の5段階で評価している。±が平均で，数ももっとも多い。しかし，この程度の分化度では，高い知的作用を行うのはむずかしい。そのようなことが可能であるためには，やはり＋程度のdiff.が必要であろう。さらに，衆に抜きんでた能力を発揮するためには，＋＋程度のdiff.が必要である。部・課長クラス以上の管理職の場合には，やはり＋程度のdiff.が必要であろう。

精神的分化度と知能指数の関連性

つぎに，IQとdiff.の関係であるが，これは素材と製品のような関係であると思われる。つまり，IQに，その人の性格・過去経験・訓練といった全生活史が加味されたものがdiff.である。ゆえに，diff.とIQとは正の相関があるが，同じではない。

したがってなかには，IQに比べてdiff.の高くないアンバランスなケースが見られる（その逆のケースは少ない）。

たとえば，"評価の客観性"について考えてみよう。

同じIQの人でも，楽観的な人はとかく事態を有利にとりがちであるし，悲観的な人は逆に不利にとりがちである。甘ったれで，1人よがりな人もいれば，とかくひけ目を感じて，なんでも悪いほうにとる性格の人もいる。

まじめで几帳面な人のなかには，感受性が低いために，"生きた人間"の評価ができない人がいる。社交的で，"鼻がきく"ような勘のするどい人のなかには，つねに暖かい評価をする人がいる。冷静で冷たく，自他の評価に厳しい人もいる。

宗教家・教育者などに往々にして見られる一途な情熱・思い込みなども，"あるがままの人間"を理解するのには妨げになるような気がする。

(3) 情意的側面の把握

情意的側面には，いわゆる意志作用と，気質，性格（狭義）と呼ばれるものが入る。ここでは，気質と性格（狭義）を，S・Z・E・H・Nという5つの基本性格類型としてとらえることにする。これらの要素は，一部を除いて，知能やdiff.と同様，どちらかというと先天的な要素が強く，生涯を通じてあまり変化しない。

情意的側面は，すでに述べたSCTや，同じ槙田・佐野が開発した質問紙，パーソナリティ・インベントリー（INV）などによって把握することができる（図1−2）。

意志作用

意志の作用としてあげられる要素は，以下のようなものである。
 1．意志の強さ
　　意志の強さ・持続性が，何事をなすにも重要であることはいうまでもない。このような精神の

タフさは，肉体的な強靭さ・勇気・耐性などをベースにしているように思われる。

2．実行力・決断力

さきに能力的側面のところで，"認知作用""判断作用"について述べた。それは，与えられた状況を認知・評価・分析・判断する働きであった。それらの働きが的確になされたとき，つぎに問題になるのは，状況にふさわしい問題解決行動を決断し，実行することである。

上にあげた認知・判断・意志という3つの作用はどれもみな必要なものであり，この3つがそろってはじめて完結するものである。しかし，最後のツメをなすものは，やはり"意志作用"である。つまり，いかに客観的に評価し，的確な判断をくだしても，実行しなくては画餅に帰する。実行力・決断力は，管理者にはとくに強く要求される。しかも，この点は組織の上にいくほど重要であり，ことにトップにおいてはこれが不可欠の要素になる。

"認知作用""判断作用"については，必要とあれば，優秀なスタッフやブレーンを集めることによって補うことができる。しかし，トップのディシジョンは他人に借りるわけにはいかない。そしてこれは，能力よりも，より多く意志力の問題である。

このような要素について他に重要なものとしては，感情のコントロール・イニシアティブ・責任感・約束をまもる，といった諸点があげられる。

また，病的な兆候がないことも当然の前提である。

気　質

情意的側面は，どちらかというと先天的要素の強い側面である。とくに気質は性格の中心に位置をしめ，体質・体格とも密接に関連している。その把握の仕方にはいろいろな立場があるが，われわれは，実際的な把握の便を考えて，主にクレッチマー・シェルドンの3類型をもとにした考え方をとっている。S型（分裂性気質・内閉性気質）・Z型（循環性気質・同調性気質）・E型（粘着性気質）の3類型がそれである。以下それぞれの類型について，順に説明していくことにする。

a．S型（分裂性気質・内閉性気質）

この気質の人の体型は，"やせ型"である。ほっそりとしてあまり馬力はなさそうに見える。

この気質の主な特徴は，"内閉性"である。"自分自身の内的な世界"に住み，外界の動きにはあまり関心がない。1人でいてもあまり寂しく感じないほうである。住んでいるのは"思考の世界"であり，実際行動はむしろ苦手な場合が多い。

自分自身をふくめて，客観的にものを見ていることが多い。舞台の役者でも，熱狂的な観客でもない。むしろ批評家の立場にあり，自分自身もそのきびしい目から逃れられない。冷たく貴族的で高慢である半面，理性的で公平である。

また，非常に"敏感な面"と，"鈍感な面"を兼ね備えている。したがって，鋭い反応を示す場合と，まったく無感動な時とがある。

このようにSは，"自己の世界"をもち，良い意味でも悪い意味でも"自我"が強いといわれる。友人などは，自分の気に入った少数の人にかぎられる。"凝り性"で，妥協を許さぬ完全主義者で

ある半面，投げやりでいい加減な無精者であり，手に負えぬ怠け者でもある。

　Sが書く字は，割合小さく，字に力が入っていないので，大げさにいえばカーボン紙を通してもコピーがとれない。形も悪く，まとまらず，良くいえば個性的だが，まず悪筆の部類である。

b．Z型（循環性気質・同調性気質）

　この気質の人は，"肥満型"で，いわゆる脂肪太りのふっくらした体型である。

　この気質の特徴は，いろいろの意味で，前述のSとは正反対な世界に住んでいるといってもよい。Sが1人きりで寂しがらず，内閉的であるのに対し，Zは同調の傾向をもっている。周囲の人と気軽につきあい，互いに助けあい，人の心配ごとに同情し，頼まれなくとも世話をやくといったタイプである。Sの友人関係は，仕事のうえ，趣味のうえ，などとはっきり分かれており，異なった領域の友人同士が知りあうことなどは少ないのに対し，Zのほうは開放的で，友人の友人は自分の友であり，初めて会った人でもすぐ親しみを感じ，つぎからつぎへと友人をつくる。

　Sは客観的で冷静であるが，Zは暖かく，困っている人にはすぐ同情し，相談にのり，時にはお節介でさえある。

　Sが行動力に乏しくスタミナがなく，思考の世界に住んでいるのに対して，Zは"行動の世界"に住んでおり，考えるより行うほうが彼にとって快である。"忙しい，忙しい"とこぼしながら，喜々としてとび回り，いろいろなことを計画し，つぎからつぎへと人に会い，人と話しているうちに新しいアイディアを考えつく。早のみこみでおっちょこちょいのところがあり，やりちらかすことが多い。じっくりと考えるのは苦手で，身のやり場がなく，動物園の熊よろしく落ち着くことができない。

　馬力の出し方は，いわゆるスタート・ダッシュの良いほうで，最初の走り方は目を見はらせるものがある。しかし，それほど長つづきはせず，ある程度走ると満足するのか，飽きるのか，途中で放りだして，別のことに熱中し，また，走りだしたりする。きちんと最後までものごとの始末をつけてからつぎにとりかかるというタイプではなく，気のむくままにつぎからつぎへと手をつけるので，いささかやりちらかしている感がなくもない。

　Zが書く字は割合大きく，生き生きとした，勢いのある字である。あまり先を急ぐので，一見きれいなように見えても，自分独特の省略法を使ったりするので読みにくい場合もある。その体格のごとく丸い感じのする柔らかい字を書く人が多い。

c．E型（粘着性気質）

　この気質の人は"筋肉質"であり，いわゆるレスラーのような筋肉の発達したよい体格をしている。逆三角形の胸の厚い，男性的体格である。

　この気質の特徴は，"粘り強い"ことである。テンポはおそいが，コツコツと粘り強く，あくまで食いさがり，粘り通すしぶとさがある。Sは馬力に乏しく，Zの馬力は，一時よく燃えるが長つづきがしない。しかし，Eの馬力は徐々にではあるが，着実に調子のでてくるような粘り強いものである。ボクシングでいえば，何ラウンド目かにやっと調子のでてくるいわゆるスロー・スター

ターである。エンジンのかかりはおそいが，一度かかると，たゆまず走りつづけて目的地に達する。几帳面で熱心であり，1つのことに熱中すれば，それをやりとげるまでは他に心を奪われるようなことがない。まじめすぎる点があり，視野が狭くなる場合もある。

　Sは自分自身の世界に閉じこもり，自分自身の尺度をもつ。Zはそのおりおりの状況で自分のものさしがのびたりちぢんだりする。それらに対し，Eのものさしは常識的である。なぜなら，世間に通用している社会的通念や規範をそのまま自分のものさしとして使っている場合が多いからである。

　したがって，几帳面にこの"ものさし"にこだわることがあるので，杓子定規になったり，要領が悪かったり，正直で頑固すぎるところがでてきたりする。

　一般に，Sのもっているような鋭さは見られない。Zはのみこみが早く，半面，おっちょこちょいで，早合点の傾向があるが，Eはのみこみがおそく，頑固で融通のきかぬところがある。

　S型の人間は，怒るだけエネルギーがへって馬鹿馬鹿しいといった顔をしており，人間とはこんなものだという，悟りのような心境にいるものが多い。Zはすぐカッとなって，どなったりするが，その場限りであとくされのない場合が多い。一方，Eの場合は，忍耐力が強く，なかなか怒らないが，一度怒りだすと爆発的に興奮して，いつまでもおさまらないような怒り方をする。

　一般的な生活態度としては，きちんと規律に従って行動することを好む。Sはしばられることが嫌いで，規律に従うような生活には抵抗を示す場合が多いが，Eは，日常生活においても，規律を守ることを好み，自ら日課を課したりすることも多い。

　Eの書く字は几帳面で角ばっており，活字のようにきちんと揃っている場合が多い。割合に大きく，しかも力が入っているのが特徴であり，SやZにくらべて，もっともきれいでわかりやすい。

気質と能力的側面の関連性

　つぎに，この3類型と"能力的側面（頭の良さ）"との関連を考えてみよう。ひとくちにSといっても，頭の良いSもいれば，さほどでもないSもいる。Z，Eも同様である。この関連を問題としてみよう。

a．Sの場合

　Sで頭の良い人は，なかなか他人に内面を見せようとはしないが，驚くほど豊かな内面生活をもっており，場合によっては"コワイ"という感じを与えかねない。学者でいえば，基礎理論をやるタイプであり，研究の数はそれほど多くないが，自分の力を示すに足るような精緻な研究を行っていることが多い。官吏でいえば，切れ味の鋭い能吏であり，人を動かすのに感情をまじえず，客観的によく見ており，冷静に駒を動かすことができる。企業でいえば，情勢の客観的分析に詳しく，将来の見通しも良く，幾通りにも青写真のひけるスタッフのタイプである。

　人間的にもセンスがあり，ユニークな雰囲気をもっており，その人独自の見方がちゃんとできる人である。1対1で話すと，その住んでいる世界に魅力を感じさせるような何ものかをもっている。美的な感覚が鋭かったり，ものの見方が，常人と180度転回させてみていたりする。自分をふく

めて，人間の弱さや醜さなどをカリカチュアライズして話してみせたりする余裕がある。人間に対する理解が深く，また，芸術家の描くものに表面的でない共感をもっていたりする。自分の世界を理解しうると思う相手には胸襟を開くが，そうでない人には口を閉ざしており，自分の独自性を押し売りすることもない。1つの諦観のようなものをもっており，その諦観があるから仕事をしているといったところもある。自然を愛し，日常生活でも審美的傾向が強い人が多い。

ところが"頭の良さ"がだんだん乏しくなるにつれて，まず鋭さがなくなってくる。内面生活も分化の程度が低くなり，あるのかないのかわからぬ霧のかかったような状態になる。ユニークな雰囲気もなくなり，ついには茫乎として無為の世界になっている。つまりぼんやりしたグズで代表される性格である。

Sが基本であるといっても，"頭の良さ"によってこの程度の差があることに注意しておきたい。

b．Zの場合

Zで頭の良い人は，人々に親しまれるような良い意味のボスであることが多い。Sは理論的に考えてツジツマがあわないとなかなか決断をくださないが，Zは"鼻がきく"という表現が適切で，決断も速く，行動的である。"みんなついてこい"といった指導性をもっていることが多い。学者でいえば，基礎よりは，生きている事実を追いかける応用のほうが得意である。多くの弟子を使い，精力的にドシドシ進めるタイプである。

企業でいえば，新生面を精力的に開発したりする社長のタイプである。業界の情報にも詳しく，人と人とのつながりを大切にして，良い仕事をする場合が多い。仕事の管理のほかに，人間の管理にもたけている場合が多い。抱擁力が大きく，人間的暖かみをもっている。下の人のいうこともよく聞く余裕をもち，決断をきちんとくだしうる場合が多い。良いタイミングの時に，良い号令をかけうる人間である。

人間を見る眼をもっている場合が多く，その人なりの生かし方を考えることができる。カラッとした，快適な雰囲気をもっており，そのなかに入ると自然に愉快になってくるような人物が多い。

ところが"頭の良さ"がだんだん乏しくなると，Zのもつ行動力をコントロールすることがむずかしくなり，生来の行動力や同調性がむきだしにでてきて，おっちょこちょいの早のみこみになる傾向がでてくる。落語によくでてくるガラッ八のように，"どこかへいってきてくれよ"というと"ホイキタ"と表にとびだし，"ハテどこへいくんだったっけ"と，また帰ってくるようなことにもなりかねない。人は良くて憎めないが，一度彼にしゃべったことは，その日のうちにそこら中の人が知っていたとしても文句はいえないような相手である。先のことは考えず，自分の感情や目先のことで行動するようになる。このように，"頭の良さ"が乏しくなると，生来のものが，そのまま抑制されないででてくるようになる。

c．Eの場合

Eの気質で，知能の高いものは，在来行われてきたもののうえに，築きあげていくといった仕事のやり方をとるものが多い。手堅く，あぶなげなく，着実に年数を重ねて，じっくりやっていくと

いうことが多い。会社でいえば，手堅くやっていく二代目社長のもっている味に近い。学者でいえば，在来の学説を丹念に洗ってあり，資料をたくさん集めて，じっくり研究していくといったタイプで，いわゆる学者のイメージに一番ぴったりくるような存在である。よくものを知っており，研究の指導も親切で手をとって教えるといった良さをもっている。

社会的常識に富み，いんぎん・ていねいであり，知的な関心も広く，読書量も多い。

"修養"といった言葉にふさわしいような，自己の訓練を自ら課して努力している場合が多く，温和な良い意味の紳士である。交際も広く，この人のところに行けば豊かな知識から示唆を受けることが多いとして集まってくる人々もいる。派手な存在ではないが，人があまりやりたがらないことも自ら引き受けて，多くの人から信頼されている。鋭いといったタイプではないが，仕事熱心で，執念に近い情熱をひめており，世のため人のため何ごとかをなすといったタイプである。宗教に帰依したり，主義主張を貫くために精力的に戦ったりもする。恵まれた環境に，のびのび育ったEはいかにもおっとりとした，いわゆる「いい人間」が多いが，多少逆境に育った場合は，権勢に対する憧れを抱きやすく，いろいろと策を弄して上にのしあがろうとする傾向もないではない。

ところが"頭の良さ"がだんだん乏しくなると融通がきかなくなり，頑迷で，怒りやすくなり，ちょっとしたことに興奮し，執念深くなり，場合によっては残忍さや冷酷さがでてくることがある。腕力が強く，けんか早くて粗暴で手がつけられぬという存在にもなりかねない。

いずれの場合も"頭の良さ"がなくなると，生来の欠点がむきだしになる。

性格（狭義）

これから述べるH型（ヒステリー性格）とN型（神経質）は，"性格（狭義）"といわれる側面にあたるものである。性格（狭義）は，環境・育ち・しつけなどによる影響によって，後天的に形成される要素もあり，5～10年のオーダーでいくぶんか変わる可能性ももっている。S・Z・Eのように骨格的部分というより，それらに色どりをそえる，肉づきのような部分といえる。パーソナリティとしては，S・Z・Eの基本に，ニュアンスの相違を与える側面の1つである。

しかしなかには，S・Z・EではなくH型，基本がHやNと見られる人もいる。これらの人は，自己評価が高すぎたり低すぎたりなどして，ともすれば，問題を起こしがちである。

a．H型（ヒステリー性格）

ヒステリーの傾向の1つは，小児性，自己中心性といったものである。

この性格の特徴は，わがままで，好き嫌いがはなはだしく，移り気で，しかも無反省である。依存心が強くて，甘えん坊である。つまり社会化が十分行われず，おとなであるのに，子どものもつわがまま，移り気等々の未成熟な感情をもっていて，すべてが自分中心でないと気に入らない。このような小児的な性格にふさわしく，体格もきゃしゃで未成熟な感じのものが多い。

ヒステリーは，S・Z・Eなどの基本的な性格に，ある色どりを与えるようなものだと考えればよい。つまりShであるとかZHであるとかいうような表し方をしていくのが，妥当ではないかと思われる。すなわち，ヒステリーの傾向は，成熟していく過程において，未成熟のままとどまって

いるともいえる。ただなかには，ヒステリー性格があまりに強く前面に現れており，Sh，ZH などというより基本性格を H と考えるほうがふさわしいケースもある。体格も未熟で，心身ともに小児的といったケースはどちらかといえば女性に多いようである。

　もう 1 つの重要な特徴は，顕示欲（Geltungsbedürftige）と呼ばれるものである（以下，G と略す）。勝気で"おれが，おれが"という傾向である。自己を主張するのもよいが，それがあまりに過度になり，いつでもトップを走っていないと気がすまない，というところまでいくといささか問題である。当然のことながら，虚栄的な傾向が強くなり，単なる方便のために，白々しい嘘をつくようなこともでてくる。社交的であり，スター的存在にならないと気がすまない。そして他にわからなければ，インチキをしてでも勝負事に勝ちたいというようなことになると，人々から排斥されるようなことも起こってくる。

b．N 型（神経質）

　H の陽性に対して，N は陰性である。

　この性格の特徴は不安定感である。自分に自信がもてないで，たえずとり越し苦労をしたりしている。他人が自分より偉く見えて仕方がない。他人は何 1 つ苦労がなく，自分 1 人が悩んでいるように思える。また，他人に気をつかうことは人 1 倍である。教室で質問 1 つするにも，何度も口のなかでくり返してみては，やっと決心して手をあげる。さされたトタンに，あがってしまい，今までくり返したことをすっかり忘れて，予定の 3 分の 1 もしゃべれない。やっとの思いで質問を終えてから，"あの時はこういえば良かった。こういう風に説明すれば，もっとみんなが納得してくれたはずなのに。どうしてすぐあがってしまうのだろう，云々……"というように後悔する。

　カラッとしたところがなく，自分の感情にじくじく溺れているところがある。他人を責めるまえに自分を責める。うまくいかなかったのはすべて自分の責任ではないかと思う。いつまでも思い悩み，他人を責めるどころではない。

　疲れやすくて長つづきせず，しまいには，未練を残しながらあきらめてしまう。自分が苦しい時は，人も苦しいのだなどという心境にはとてもなれない。

　落ち着きがなく，オドオドしている。誰かが大きな声をだすと，まず自分がどなられたのではないかと思う。劣等感がかなり強く，過度の自己反省のようなものが見られる。

　1 つの仕事を終えても，果たしてミスがなかったかどうか，はじめからなんべんとなく反芻してみる。

（4） 指向的側面の把握

　これまで述べてきた"能力的側面""情意的側面"がわかると，パーソナリティの骨格がほぼできあがる。しかしこれだけでは，個人の全体像の把握をしたことにはならない。

　今かりに，能力・情意両側面がまったく同じ人がいたとする。1 人は人生の目標を"金"におき，もう 1 人は"美"においたとする。この 2 人の行動を眺めた時に，それはまったく別世界の人間

のように見えるであろう。

このように，その人が"何に生きているか""何に価値をおいているか"も，人間の行動には非常に大きな影響を与える。

生き方・価値・興味

人生観・価値観・生活態度・興味・キャセクション・目標など，生き方・価値・興味に関する要素は，指向的側面の重要な因子である。われわれの日常行動を支配しているのは，実際にはこういう側面である。したがって，ある人が，1日あるいは1週間の時間をどのように使っているかを調べれば，その人のライフスタイルがわかる。

このような価値の対象（基本的な生活領域）として，ドイツの哲学者シュプランガーは，アプリオリに，"理論""経済""審美""権力""宗教""社会"の6種をあげ，そのなかのどれにもっとも価値をおいて生きているかによって，個人を6類型に分類している。

また，槇田らは，人間の心の向いている方向を実験的に研究し，以下の6種類の基本生活領域を見いだしている。

D（Daily life）：日常生活・家庭生活に関心。いわゆるマイホーム型
O（Objective）：客観的・即物的・理論的。学者タイプ。ドライというか，悪くいえば人間感情に乏しいタイプ
S（Social interest）：社会的関心が強い。悪くいえば三面記事的・ヤジ馬的タイプ
E（Emotional）：情緒的・心理的で，ウェットなタイプ
F（Fine & arts）：審美的・官能的・芸術的
U（Unique）：非常にユニークな見方，奇抜なアイディア

この6因子の頭文字を組みあわせて名づけたのが，基本生活領域を調べるためのDosefuテストである（図1-2）。

役割行動

われわれは社会のなかで，いろいろな役割をもち，その役割にふさわしい行動をするように期待されている。自分の意に沿おうが沿うまいが，一度役割が与えられると，それにふさわしい行動をとるように要求される。役割にふさわしくない行動をとると，社会から非難されたり，自分で自分を責めたりすることになる。

人間の行動はそのときどきの役割に規制される。それを裏返しに見れば，そのときどきの役割を知れば，その人の行動がある程度予測できるということである。

われわれはいろいろな生活領域で，さまざまな役割をもっている。子どもの前では父親であり，妻に対しては夫であり，会社では課長であり，そして，飲み屋では1人の男となる。そして，そのときどきで，役割を演じわける。人間は場面によって，異なった行動の仕方をとる。

気質・性格（狭義）・役割の階層

図1-6をご覧いただきたい。これは、パーソナリティから知的能力をのぞいた、いわゆる"性格"の部分を、その形成を考慮して、同心円で表したものである。このような図式を考えると、"気質・性格（狭義）・役割"の階層構造を比較的容易に見てとることができる。

中心には、先天的要素が強く、体質とも密接に関連している気質の層がある。先に情意的側面のところで述べたS・Z・Eはここにあたる。つぎに、気質よりはいくぶん後天的な要素が加わってできる性格（狭義）の層がある。H・Nの要素などである。そしてその外側に、態度の層がくる。これはほとんど環境の影響によって後天的に形成される部分である。そしてその外に、役割の層がくる。

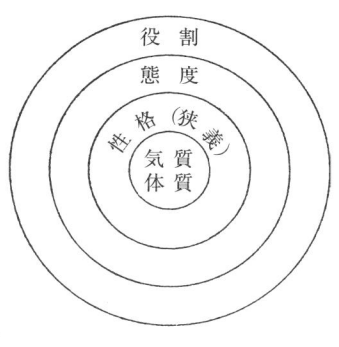

図1-6 「性格」の階層

このような図式を考えると、外側に向かうほど後天的要素が強くなることがわかる。それと同時に、外にいくほど変わりやすい層でもある。

たとえば、気質のようなものは、ほぼその人の生涯を通じて変わらないものである。つぎの性格の層も、変わるには5〜10年というオーダーの年月を必要とする。それに対して態度の層は、ある程度の月日がたてば比較的容易に変わりうる部分である。さらに役割になると、これは場面が変われば行動も変わるような部分である。

このような構造であるから、同心円の外の層の行動には、内の層の違いがニュアンスの差となって現れることになる。

役割として、教師は教師らしく、課長は課長らしく行動する。しかし、同じ教師のなかにも、暖かみのある教師もいれば、きびしい教師もいる。課長もまたしかり。同じ課長でも、基本がSかZかEかで、またHやNがあるかないかで、相当の違いが生じるのは当然であろう。

(5) 力動的側面の把握

力動的側面には、欲求不満・ストレス・葛藤・コンプレックスなど、いわゆる"内的世界の安定度"が入る。

内的世界の安定度

パーソナリティの内容を考えていくうえで最後に問題となるのは、人の内的世界の安定度である。

われわれはいろいろな欲求をもち、感情をもっている。また、それらが満たされないところからくる欲求不満やコンプレックスをもち、種々の葛藤が行われている。仕事上、あるいは対人関係上の失敗や、公私にわたる心労が重なると、人は誰でも意識の穏やかさと感情の安定性を失う。

そして、このような内的世界のバランスをとるために、あるいは攻撃的行動にでたり、あるいは補償行動にでたり、合理化したり、抑圧したり、反動形成したりする。

内的世界の安定度は，人によって異なっている。そして，それが不安定であればあるほど，さまざまな行動にで，その結果，ややもすると問題を起こしがちになる。

　たとえば非常にGの強い人などは，40歳になっても50歳になっても自己評価をさげず，現実の能力とのギャップに苦闘することがある。理想だけが高く，実力がそれに及ばない状態である。当然，こうした人のフラストレーションは強い。このような人の身近にいる者は，息のつまる思いがする。家族や友人はたいていなんらかの被害を受ける。

　しかし逆にいえば，何事かをなすには，このようなあきれるばかりのエネルギーが必要な気もする。自己の目的を達するためには，妻子を捨てて顧みないようなすさまじさも必要である。つまり，自己評価と現実のレベルとのギャップが，すさまじいエネルギーの源泉ともなりうるわけである。

　このように考えると，内面世界の安定度とは正邪両面をもった両刃の剣とも考えられる。ギャップがあるということは，一方では不安定ということであり，ともすれば問題行動を起こす。と同時に，他方ではギャップがあるということが，何事かをなす潜在的な力をもっていることにもなる。したがって，要は，この潜在的力を逆用するというか，あえてコントロールして善導できるだけのdiff.や意志力をもっているかどうかという問題になるのかもしれない。

　力動的側面を調べる道具には，TAT（主題構成検査）や，それから発展したPRT（絵画空想法）がある（図1-2）。これらの道具はパーソナリティの深層についての情報をもたらしてもくれるが，反面，習熟にかなりの経験とセンスを必要とする。

（6）　パーソナリティの決定要因

　パーソナリティの内容については，以上の4つの側面でおおよその把握ができるであろう。つぎは，そのようなパーソナリティの形成にきいてくる要因である。これについては，個体的要因・家庭的要因・社会的要因の3つがあげられる。

　図1-2に示したとおり，これら3つの決定要因も，すでに述べた4つの側面と同様，SCT（文章完成法テスト）によってその大枠を把握することが可能である。そうした「決定要因」や「環境」の情報をとらえられることが，SCTの重要な特徴ともいえる。

個体的要因

　決定要因のうち，その個体に属するものである。すなわち，パーソナリティの基盤としての肉体，素材としての大脳の能率，あるいは性・年齢などである。このうち，知能・気質などについては，われわれはパーソナリティの基礎的内容として，それぞれの側面でとらえることにした。

　したがって，それを除いて重要なものをあげると，性・年齢のほか，健康・体力・容姿・活力などの身体的要因になる。

家庭的要因

　個人のまわりの世界，すなわち環境は，経験を通して，個人のパーソナリティに大きな影響を及

ぼす。とくに家庭は非常に重要な決定要因となる。人は家のなかに生まれ，育ち，多くのことを学習する。両親に保護され，しつけられ，兄弟姉妹と遊び，けんかする。保護しすぎるとわがままになり，きびしすぎるとひねくれ，放っておくと非行に走ったりする。

このように，家庭の水準・家族構成・両親のパーソナリティ・しつけなどは，子どものパーソナリティ形成に重要な役割を果たす。

社会的要因

子どもが大きくなるにつれて，彼らをとり囲むまわりの世界も大きくなっていく。

学校・交友関係・近隣関係・職場はもちろん，"都市か農村か，上流か中流か"といった大きな社会・経済・文化的環境も影響を及ぼす。

(7) 槇田の新しいパーソナリティ・スキーム[*1]

WAI 研究よりの帰結

われわれは，自我研究の1つの有力な道具として WAI 技法（Who Am I 技法）[*2]を用いて self image の研究を10数年行ってきた。この self image の研究は自我・自己の領域を知るのに適した概念であると思われる。

詳細は槇田・岩熊（1990），岩熊・槇田（1991）にゆずるが，まず多数の被検査者に WAI 技法を施行した。そして得られた self image を内容分析して基準書にまとめた。方法はいわゆる KJ 法[*3]により，順次似ている反応をまとめるという手法で行った。その結果得られた1987年度版基準書の概要は表1-1の如くである。この基準書にもとづき，各反応をコード化して，林の数量化Ⅲ類を用いて分析を行った（ただし，必要な処理を施した後の小項目数は172である）。この結果，3つの軸が得られた。この3軸のカテゴリー・ウェイトにもとづいて非階層クラスター分析を行った。つぎに，3つのクラスターと9つの大項目との対応関係をみた。それが表1-2である。

これらの結果の分析に入る前に，少し自己意識の問題を検討しておきたい。いま，基準書の内容を眺めてみると，そこには名前，性別，年齢などの基本的属性，社会・家族のなかでの役割，身体，能力，性格，欲求，自己評価，趣味などに及ぶものがあげられている。このことは，自我・自己の領域に関しても，このような広い領域を考える必要を示唆していると思われる。

この点に関しては，たとえばウィリアム・ジェームスの物質的客我は身体，所有物，家族，国家などの広い範囲を含んでいる。その点，本研究の結果を合わせて考えると，個人の主観的な自我・自己の領域は皮膚の内側に限定されているものではなさそうである。

また，相互関連性の分析やインタビューの結果を見ると，self image のなかには自我関与（ego

[*1] 本稿は，槇田（編者）『パーソナリティの診断　総説　手引』（2001）をもとにしている。
[*2] 「20答法」とも言われる。「私は誰か？」という質問に対する答えを20個箇条書き（自由記述）するもの。self image を表す反応が20個得られることになる。
[*3] 内容分析の1技法。詳細については，川喜田（1967）を参照のこと。

表1-1 1987年度版基準書の概要

No.	大項目名	内容	小項目数
1	能力	・知的能力,専門的能力,対人的能力などについての記述	8
2	性格(気質)	・自分の性格についての記述のうち,いわゆる気質特性といわれるようなもの	70
3	性格(その他)	・性格(気質),性格(力動)以外の自分の性格についての記述	47
4	自己	・自己に対する感情・評価などについての記述 ・欲求,願望,希望などについての記述 ・態度,キャセクションなどについての記述 ・「私は私」,「私は誰」,実存的な記述 ・上位概念,隠喩的な表現など	90
5	性格(力動)	・自分の性格についての記述のうち,いわゆる力動的なもの	43
6	身体	・容姿・体格,健康・体質,身体機能・身体的能力についての記述	3
7	プライマリー・グループ	・血縁的役割,家族,家庭についての記述	12
8	セカンダリー・グループ	・名前,性別,年齢,現住所,出身地,生年月日,職業,所属団体,学歴などについての記述 ・友人関係,対人関係についての記述	28
9	その他	・評価できないもの,WAIに対する批判,無効回答など	2

計 303

表1-2 基準書の大項目とクラスターとの対応関係

No.	大項目名	クラスター A	B	C	計
1	能力	5	1	・	6
2	性格(気質)	2	34	・	36
3	性格(その他)	1	20	・	21
4	自己	*17	5	31	53
5	性格(力動)	・	23	1	24
6	身体	3	・	・	3
7	プライマリー・グループ	8	・	・	8
8	セカンダリー・グループ	18	1	1	20
9	その他	・	・	1	1
	計	54	84	34	172

注)表の数字は,該当する小項目の数を示す。
大項目「自己」のうち,クラスターAに属する項目は日常生活に関するものである。つまり,プライマリー・グループ,あるいは家庭的要因ということである。

involvement)の強い中心的なものと,それほどでもない周辺的なものがあることがわかる。何が中心的な領域であり,何が周辺的かは人によってさまざまであろう。しかし,平均的にいえば,一般にもっとも中心的なものは「自己」であり,「プライマリー・グループ」がそれにつづき,つぎに「セカンダリー・グループ」,「自然」となっていくのではないか。図式的に描けば,図1-7のようになる。技術的理由で線で区切って描いてあるが,イメージとしては「島宇宙」のように中心部分の星は密集し,周辺にいくにしたがって疎になる。境界線のない移行で暗黒の世界に沈む光景である。自己意識をこのように考えると,これはすなわち自我であり,パーソナリティである。

旧スキームと基準書の対応

旧スキームのパーソナリティの内容・決定要因と基準書の大項目をくらべてみるとかなりよく対応しているというか,基本的に同じであることがわかる。これは非常に興味深いことである。

旧スキームは40年前オルポートらのパーソナリティ理論を参考にしながら，直接的にはマレーらのパーソナリティ理論をもとに作成したものである。つまり，アプリオリに演繹的に作られたものである。あるいは専門家の洞察による仮説の集積ともいえる（といっても，専門家の経験の集積であるから，一面帰納的ともいえるし，一種のデルファイ法ともいえる）。

一方，基準書は一般の個人が「自分をどのようにとらえているかを調べ，それを内容分析にもとづいて分類したものである。この2つに対応関係があるということは，パーソナリティをこのように把握することの妥当性を示唆しているといえそうである。

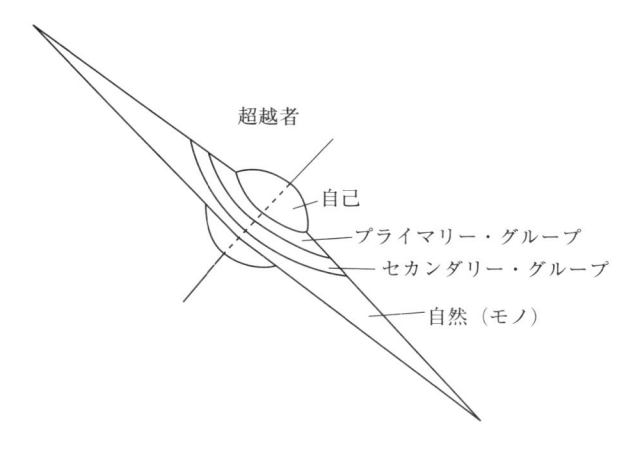

図1-7 自我の領域（中心的領域～周辺的領域）

旧スキームとクラスターの対応

つぎに，興味深いのは旧スキームとクラスターとの対応の問題である。図1-2と表1-2を対照してみればわかるように，旧スキーム流の感覚からいうと表1-2のクラスターは納得しがたい。具体的にいうと，クラスターAはパーソナリティの内容のなかの「能力的側面」と決定要因の3つ，すなわち「個体的要因」・「家庭的要因」・「社会的要因」が1つになっている。クラスターBは「気質」と「力動」，クラスターCは「指向」となっている。クラスターB，Cはともかく，クラスターAはパーソナリティのなかの「知能」と「生物的要因」と「環境的要因」が一緒になっている。これではまるで，ゴタマゼのサラダだという批判があった。

しかし，著者は逆にこの結果を見て目からウロコが落ちる思いがした。というのは，長い間漠然とあるいは意識的に問題を感じていたことが，この結果で一気に氷解したからである。

それは「決定要因」というのはたしかに「決定要因」として機能している面もある。しかし，つねに「決定要因」であるわけではない。むしろ，しばしばパーソナリティの一部，あるいは時に中心的部分であるということである。具体的にいうと，たとえば「男」とか「長男」というのは「決定要因」である。しかし，しばしばパーソナリティの中心部分である。

また，WAI反応を見ていると，生物的，社会的反応が数も多く，最初に出てくることが多い。具体的にいえば，高校以下の子どもに多い反応としてはまず，自分の名前，性別，学年などが並ぶ。全反応の74％がクラスターAである。

つまり，ここに表れているのは「生物的」「社会的」「文化的」基礎条件なのである。

また，一般的な印象としてもWAIに出てくる反応はおよそ3つのグループになるようである。それは「社会・生物的基礎」と，いわゆる「性格」と，趣味・欲求・願望などに連なる「人間の生き方，またはライフスタイル」と呼べるような一群である。

_____ の心誌

基底にある心理生物学的な要因								共通のパーソナリティ特性												
体型			知能		気質		表出特性				態度特性									
											自己への志向		他者への志向			価値への志向					
均整	健康	活力	抽象的（言語的）	機械的（実際的）	幅広い情緒	強い情緒	支配	開放	持続	外向	自己客観化	自信	群居	利他主義（社会化）	社会的知能（気転）	理論的	経済的	審美的	政治的	宗教的
不均整	不健康	活力に乏しい	抽象的知能の低さ	機械的知能の低さ	狭い情緒	弱い情緒	服従	隠遁	動揺	内向	自己欺瞞	自信喪失	孤独	利己主義（社会化されていない行動）	社会的知能の低さ（気転がきかないこと）	非理論的	非経済的	非審美的	非政治的	非宗教的

図1-8　オルポートの心誌

そして，この3つはまさにクラスターA，B，Cである。この結果は，パーソナリティ・スキームに実証的な根拠を与えるだけでなく，WAI技法がパーソナリティ把握についても有効性をもつことも示唆している。

初期のパーソナリティ・スキームを作成する時点で参考にしたスキームの中で，結果的に新しいスキームに近かったのはオルポートの心誌（Allport, 1937）のみだった。この「心理生物的基礎」に「社会」「家庭」を加えたものが，すなわち，クラスターAである。

オルポートの心誌はかなり恣意的であり，批判も多いが，実戦的だとはいえる。当時，すでにオルポートがこのようなとらえ方をしていたというのは興味深いことである。そのような観点から参考までにこの心誌をのせることにした（図1-8）。

新しいパーソナリティ・スキーム

以上の分析からわれわれは新しいパーソナリティ・スキームを作成した。図1-9がそれである。見ればわかるように，このスキームでは，パーソナリティ全体が"社会・生物的基礎"，"性格"，"指向"の3つに大きく分けられている。細かく分けると，"社会""家庭""身体""能力""気質""力動""指向"の7つになる。この図を左側の列から見れば，クラスターA，B，Cである。

しかし，右側の列から見れば"文化的（環境）""生物的（遺伝）""心理的（生き方）"次元である。

新しいパーソナリティ・スキームとテスト・バッテリー

　研究結果としての新しいスキームは上述の如くであるが，このスキームに則って心理検査の評価を行うことは，必ずしも実戦向きとはいえない。というのは，たとえば，「社会」と「家庭」は別々に評価することが不可能ではないが，書き分けるのは煩瑣であり，読み手も見やすいとはいえない。実際問題としては，むしろ一緒にしたほうが評価するほうも，その結果を見るほうもわかりやすい。同様に「気質」と「力動」も別々にするより，一緒にするほうが記入する場合自然である。というわけで，実際の評価項目は5つにまとめてある。

　上記のようなパーソナリティ・スケッチを詳細に描くためには，さまざまな技法を用いる必要がある。たとえば，知能を知るために知能検査を行ったり，身体についての情報を得るためには生理学的な測定を行う必要があるかもしれない。もし，このような情報を詳細に集めるとすれば，膨大な時間と労力が必要となる。しかし，パーソナリティのすべての側面について，そのような詳細な情報が必要となる場合は少ない。むしろ，目的に応じて必要なものだけを詳細にとらえ，それ以外は，大まかに押さえておけば事足りることのほうが多い。したがって，このような大まかな全体像をなるべく簡便にとらえる方法を考える必要がある。

　そのような観点からわれわれは，SCT，WAI，INV，Dosefu，PRTを組み合わせてテスト・バッテリーを作った。

　以上をまとめて図式にすると，図1-10のようになる。

パーソナリティ				
クラスターA (社会・生物的基礎)	社会	社会的地位 経済的水準 住居の地域 親の職業	文化的（環境）	
	家庭	家族構成 家族と本人の関係 躾のスタイル 家庭の雰囲気		
	身体	健康 体力 容姿 特技	生物的（遺伝）	
	能力	知能（IQ）の程度 評価の客観性 見透し 精神的分化度		
クラスターB (性格)	気質	精神感性と気分素因 精神のテンポ 精神運動性	心理的（生き方）	
	力動	安定度 劣等感 欲求不満 顕耀性		
クラスターC (指向)	指向	願望 興味 生活態度 価値観 人生観		

図1-9　新しいパーソナリティ・スキーム

診断の対象

パーソナリティ				
環　　　境	身　　　体	能　　　力	性　　　格	指　　　向
家族、家庭の雰囲気、血縁的役割 世代、交遊関係、学校、所属団体 職業、経歴、社会的地位、経済状態 など	体格、体質、健康、容姿 身体機能、身体的能力 エネルギー など	精神的分化度 知能、評価の客観性、見通し 感受性、判断力、適応力 個別の能力、資格・免許 など	情意的側面（基本類型 S・Z・E） 気質、性格特性、意志 力動的側面（H・N） 心理的安定度、意欲、劣等感 など	価値観、人生観 生活態度、キャセクション 自己に対する感情、評価、興味、関心 欲求、希望、願望 など

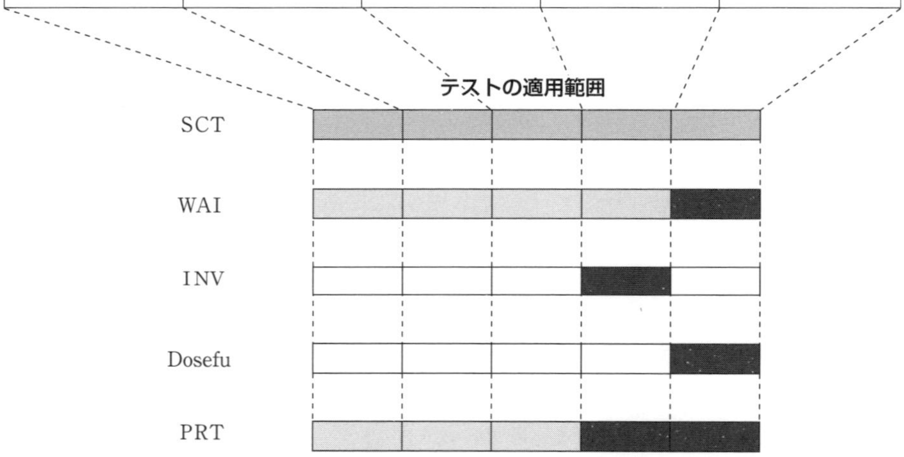

テストの適用範囲

```
SCT     [▓▓▓▓▓▓▓▓▓▓▓▓▓▓▓▓▓▓▓▓▓▓▓▓▓]
WAI     [▓▓▓▓▓▓▓▓▓▓▓▓▓▓▓▓▓▓▓▓█████]
INV     [              ████████    ]
Dosefu  [                      ████]
PRT     [▓▓▓▓▓▓▓▓▓▓▓▓▓███████████ ]
```

図 1-10　パーソナリティの構造とテスト・バッテリー（新スキーム）

第2章 管理能力

(1) 管理行動・管理能力・パーソナリティ

　第1章では，管理能力を基礎づけているパーソナリティの構造について述べた。
　つぎに問題となるのは，管理能力の構造や，それと管理行動・パーソナリティとの関連であろう。
　第2章では，まず管理行動・管理能力・パーソナリティの関連について検討し，ひき続き，管理能力の構造について述べていくことにする。

適性とパーソナリティ

　第1章(7)の図1-10で示したように，パーソナリティには，5つの側面がある。そしてそれらは有機的に関連し，全体として統一されている。
　個人のパーソナリティは千差万別，400万年以上の人類の歴史上，誰1人として同じパーソナリティをもった者はいなかったに違いない。知能の高い人，低い人，外向的な人，内向的な人，ネアカな人，ネクラな人，それぞれがみな，独自の歴史とパーソナリティをもった1個の実在である。パーソナリティはただ存在するのみで，それ自身に価値とか適性の軽重があるわけではない。適性とは，あくまで目的や仕事とパーソナリティを関連させる必要が生じたときに，はじめて云々されるべき問題である。
　もちろん一般的には，健康で活力があり，知能が高いということは好ましいことであろう。また，工学的な仕事は，数学が苦手で嫌いな人より，数学の素養があり，好きな人のほうが向いている。同様に，営業マンにはS型よりZ型のほうが向いている。逆に，経理などにはZ型よりS型のほうが適しているだろう。
　しかし，知能・活力・健康のような一般的条件と思われるものですら，仕事によっては，必ずしもプラスの条件とはいえないことがある。
　たとえば，知能が高いことは，どんな場合でも優れた条件になりそうな気がする。ところが，きわめて単純な仕事をくり返し行わせると，知能の高い者はより早く耐えられなくなってしまう。一方，知的障害者は単純な仕事を長い間くり返していても，なかなか飽和しない。この場合，適性は明らかに知的障害者のほうが高いというべきであろう。
　活力についても同様である。これからますます増えると思われる監視作業，ただ1日じっとしているような作業は，活力のあふれた人には不向きである。
　健康でさえも同様である。きわめて特異なケースではあるが，病める人の相談などにはあまり健康な人は向かないかもしれない。天才的なプレーヤーがコーチとしてはむしろ不向きだといわれる

のも，同じような構造であろう。
　以上，極端な例ばかりあげすぎたかもしれないが，要するに，適性とはあくまで仕事と関連して云々されるべきものだということをはっきりさせておきたかったからである。

管理行動とパーソナリティ

　管理者が役割として行う管理業務を管理行動と呼ぶと，それは職種・職階・役割によって異なってくる。したがって，それに適性をもつ人も変わってくる。
　ゆえに，パーソナリティ・スキームのどこにウェイトをおき，どのような特性をとりあげるかは，仕事の内容によって当然異なってくる。
　どういう能力が，どの程度必要なのか。どういう要素があっては困るのか。能力さえあれば，たとえ異常性格であってもよいのか。能力は劣っても，円満で明るいほうがよいのか。こうしたことはすべて，職種・職階・役割が決まってはじめて定まってくるものである。
　図2-1は，パーソナリティとさまざまな日常行動との関連を示したものである。1つひとつの日常行動をとりあげると，それぞれウェイトをおくパーソナリティ・スキームの部分が異なってくる。たとえば，趣味に関する行動においては，指向的側面のウェイトが高いであろう。
　管理者にとって，管理行動はそうしたさまざまな日常行動の一部をなしている。

管理行動・管理能力・パーソナリティ──レベルの対応関係

　つぎに，かんたんな例をあげながら，管理行動・管理能力・パーソナリティの相互関連性について考えてみたい。
　われわれの趣味の世界を考えてみよう。余暇にどんな活動を選ぶかは，ある程度パーソナリティによって規定される。もちろんその場合のパーソナリティには，興味の方向だけでなく，知的能力・行動的か思考的か・自己顕示欲・コンプレックス・バイタリティ・健康度・運動神経・家庭の文化度といった側面もふくまれる。それぞれの能力・性格・環境によって，野球を選ぶ人もいれば，テニス，ゴルフ，読書，映画，音楽などを選ぶ人もいるだろう。趣味をもたないことを趣味にする人もいるかもしれない。しかし，たとえば，野球のピッチャーとして優れた業績を残せるかどうかは，上述したようなパーソナリティの側面とはやや質の異なる特質によって決まってくるような気がする。たとえば，ボールの速さ・コントロール・ピンチに動じない精神力・バッターの裏をかく読みの能力・バックの守備を信頼する抱擁力などがそれにあたるだろう。こうした特質は，個人のパーソナリティがもとになってできあがったものではあるが，基礎的なパーソナリティそのものとはいいがたい。しかし，同時にそれは（統合された全体像としてのパーソナリティにくらべれば小さな構造ではあるが），"投手能力"といえるような総合的な構造をもっている。
　それとほぼ同じことが，管理行動とパーソナリティの関連についてもいえるのではないだろうか。パーソナリティは管理行動を直接支えているわけではない。管理行動を支える管理因子は，管理能力という1つの体系をもっている（先ほどの例でいえば，"投手能力"にあたる）。パーソナリティは，その管理能力を基礎づけているものであり，素材である。また，一部はとり込まれてもい

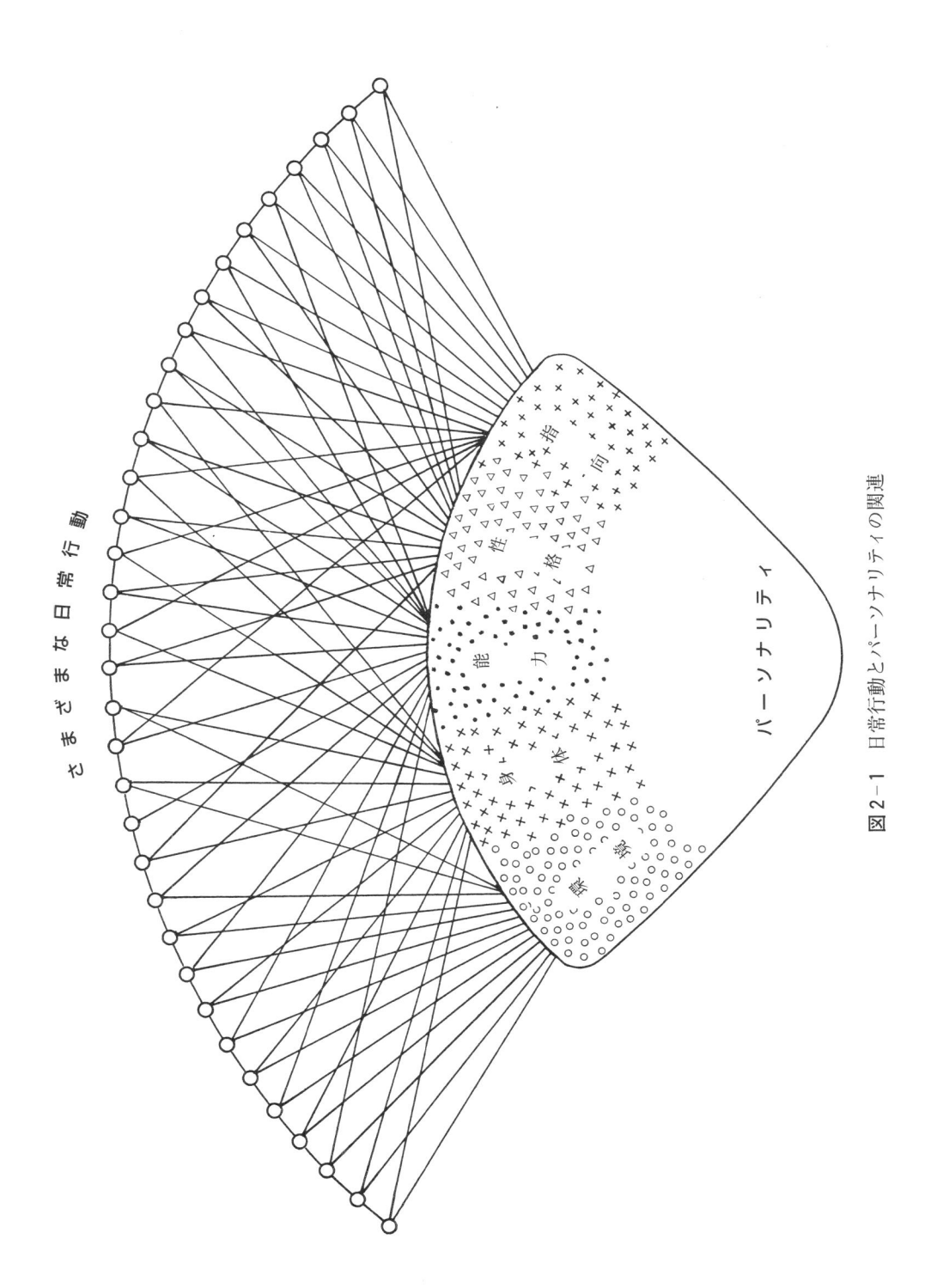

図2-1 日常行動とパーソナリティの関連

パーソナリティ
指向性
能力
性格
身体
態度

さまざまな日常行動

る。

　このように考えると，管理行動・管理能力・パーソナリティの相互関連性は，図2-2のようになる。これは，日常行動とパーソナリティとの関連性を示した図2-1を発展させたものである。

　この図をさらに，3つないし4つのレベルで，管理行動（Ⅰ）とパーソナリティ（Ⅱ，Ⅲ，Ⅳ）の関係がわかるように図示したものが，図2-3である。

　そして，この図のⅡとⅢを管理能力として1つにまとめたのが，図2-4である。これについては，第3章(3)で改めて述べる。

　パーソナリティすなわち管理能力の素材が悪ければ，管理能力もたいしたものにはならない。しかし逆に，素材がよい場合でも，管理能力が必ずしも良いとはかぎらない。これは第1章で述べた，知能と精神的分化度の関係と同じである。パーソナリティの良さが，いろいろの理由で，管理能力に反映されない人も，多々いるわけである（もちろん，この逆もありうる）。

　われわれは，いろいろな心理検査を用いて，素材的なパーソナリティをまがりなりにも把握することができる。また，管理行動や業績を評価することによって，それを直接支えている管理能力を推測することもできる。

　したがって，管理能力を的確に把握し，また管理能力の不足している部分を発見し開発するためには，パーソナリティ・管理行動両面からのアプローチが不可欠である。

(2)　管理能力の構造

　では，管理能力とはどのようなものか。

　それはもちろんパーソナリティの一部をなすものである。と同時に，素材となるパーソナリティとは異なる独自の体系をもっているものである。そしてその体系は，特定の職種・職階にふさわしい管理行動の適性要件をもとに考えられなければならない。

管理者の適性要件

　すべての職種・職階の管理者にあてはまる一般的な適性要件というものはない。厳密な意味では，管理者の適性要件は，仕事の数だけ，あるいは職種・職階の数だけ，存在することになる。それはちょうど，パーソナリティや管理能力の体系が人の数だけ存在するのと同じである。

　一例として，あるデパートの営業部門・中堅管理者の適性要件を，管理能力のカテゴリーごとに分類したものをあげる（表2-1）。直接的に必要と思われる適性要件だけをとりあげてあるので，パーソナリティの側面から見ると，"性格"以降はまったくアンバランスな配列になっている。

　また，性格の項目に関しては，管理者として望ましい性格特性を多数の管理者にあげてもらい，それをKJ法で整理したものがもとになっている。したがって，これらすべての特性をもつ必要があるということではない。それはたとえば，"謙虚さ"と"押しの強さ"というように，正反対の特性がともにふくまれているのを見てもわかると思う。いわば，いろいろの人の人間としての持ち味を整理したものである。

第2章 管理能力　35

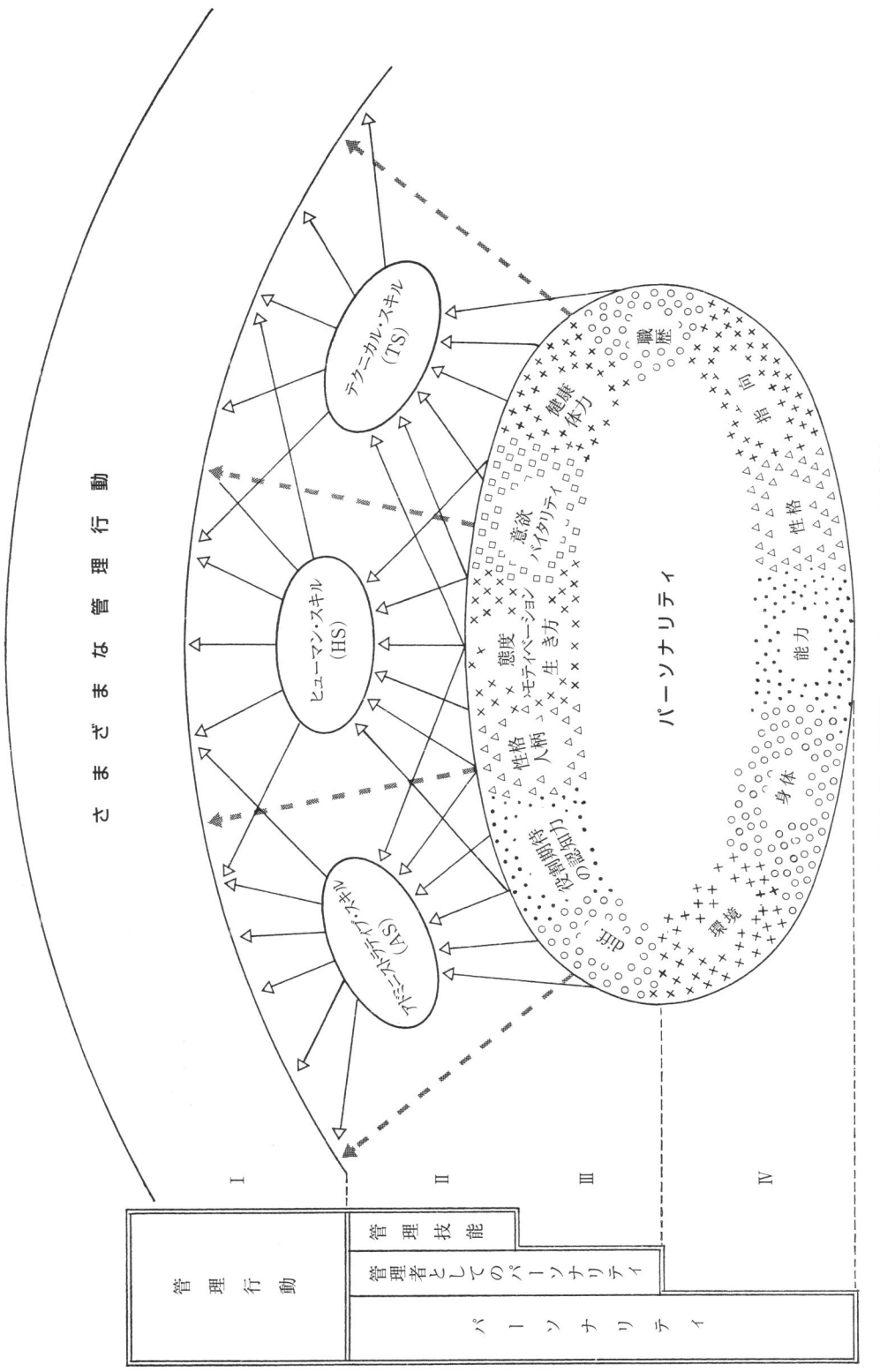

さまざまな管理行動

テクニカル・スキル (TS)
ヒューマン・スキル (HS)
アドミニストレイティブ・スキル (AS)

パーソナリティ
職歴
健康・体力
意欲
モティベーション
バイタリティ
態度
生き方
性格
人柄
従観期待の認知力
情
環境
身体
能力
性格
指向

Ⅰ 管理行動
Ⅱ 管理技能
Ⅲ 管理者としてのパーソナリティ
Ⅳ パーソナリティ

図2-2　管理行動・管理能力・パーソナリティの関連(1)

図2-3 管理行動・管理能力・パーソナリティの関連(2)

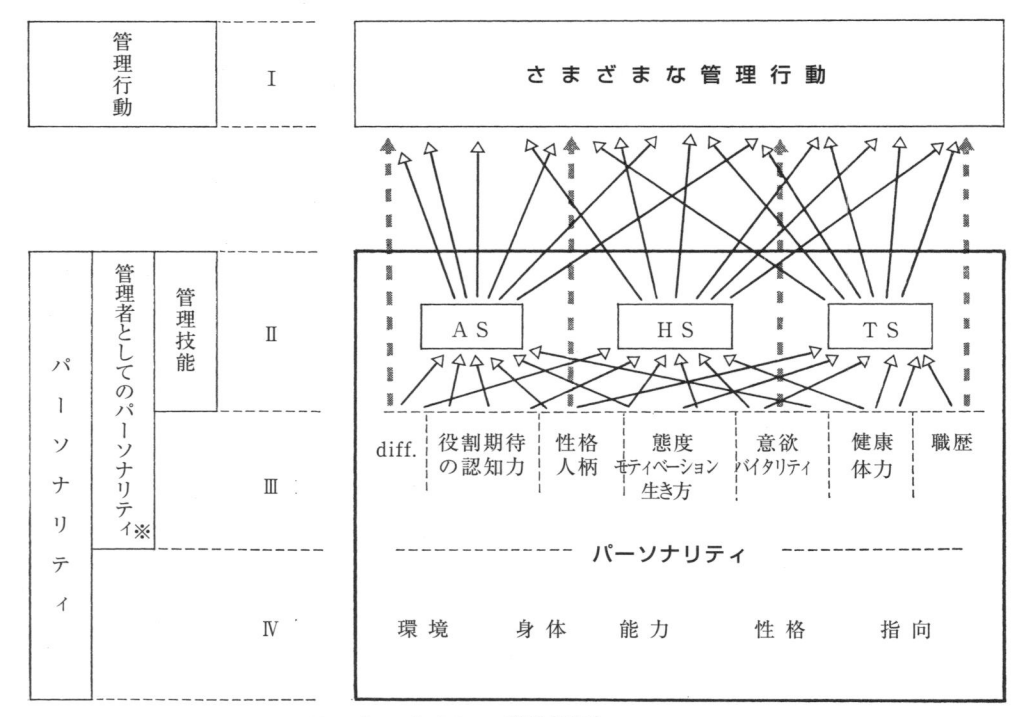

| 管理行動 | Ⅰ | さまざまな管理行動 |

Ⅱ 管理者としてのパーソナリティ / 管理技能：AS　HS　TS

Ⅲ：diff.／役割期待の認知力／性格・人柄／態度・モティベーション・生き方／意欲・バイタリティ／健康・体力／職歴

------ パーソナリティ ------

Ⅳ：環境　身体　能力　性格　指向

※ パーソナリティの管理者部分。
これを，向き・不向きという観点からみれば「適性要件」，
評価基準（点数づけ）という観点からみれば「管理能力」ということになる。

図2-3　管理行動・管理能力・パーソナリティの関連(2)

分析レベル

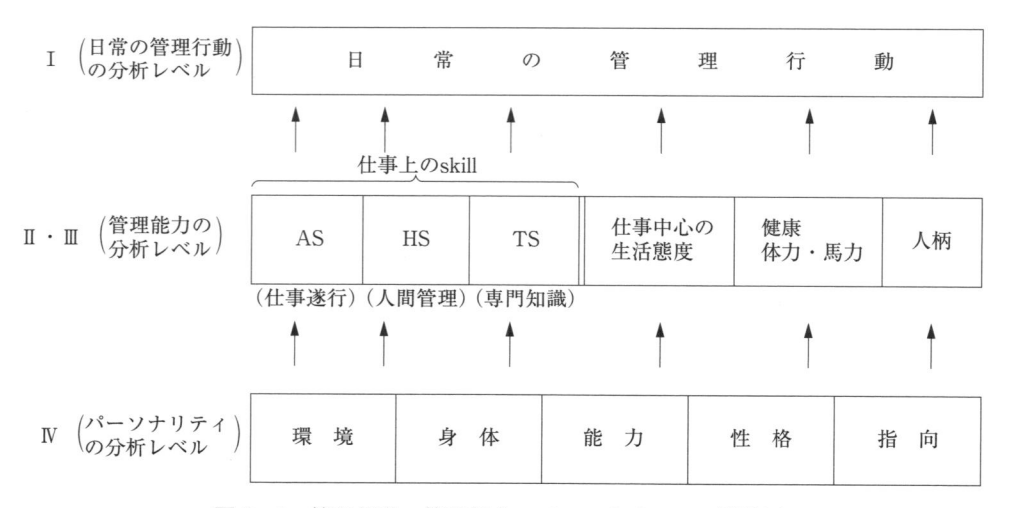

Ⅰ（日常の管理行動の分析レベル）：日常の管理行動

仕事上のskill

Ⅱ・Ⅲ（管理能力の分析レベル）：AS（仕事遂行）／HS（人間管理）／TS（専門知識）／仕事中心の生活態度／健康・体力・馬力／人柄

Ⅳ（パーソナリティの分析レベル）：環境　身体　能力　性格　指向

図2-4　管理行動・管理能力・パーソナリティの関連(3)

表 2-1 中堅管理者(営業部門)の適性要件

管理能力	適性要件	素材的なパーソナリティ
能力		
T S（商品知識）	流通市場の知識／仕入上の知識／販売上の知識	事務管理上の知識
H S S（率先垂範〈部下へのモチベーション〉）	仕事の与え方フォローアップ／指導力・統率力〈一つの方向に向かって総力を統合する〉／方針の明示から公正な評価までを含む／訓練・育成／上役への報告意見具申〈上役への説得や影響力を含める〉	
A S（判断力）	企画力／決断力／実行力・行動力／調整力・連絡折衝	計数管理・コスト意識
Diff.（見通し）	客観的（評価）／機械的知能（IQ）／柔軟性	独創力／問題へのニューチ・アプローチ
性格	明朗・快活・ユーモア・人当りやわらか／腰が低い・謙虚／押しが強い／図々しさ／大胆・度胸あり・勝負強い／冷静・慎重／誠実・責任感／公平・自己にきびしい／協調性・温厚	人間の幅
指向	仕事に生きる／金もうけ／社会に関心をもつ	経営者的センス
意欲・バイタリティ（健康）	体力／エネルギー／ねばり強さ	積極性・意欲（姿勢的なもの）／身体など

心の安定性などはオミットしてある。これは，それが必要ないというのではなく，管理者の適性要件以前の問題であろうということである。

ここにあげられていないパーソナリティの諸要素についても同様である。たとえば，気質の基本類型の相違がいかに重要であるかは既述のとおりである。しかし基本類型そのものは，管理者の資格とは直接関係がない。どのタイプの管理者もありうる。ここで問題としているのは，いわば，管理能力と役割行動の関連である。そうした意味で，ここには管理者の適性要件として直接必要と思われるもののみがあげられている。

したがって，その他の要素も，その人に関する情報としては重要であり，可能なかぎり集めておくべきである。

管理能力のカテゴリー

個々の職種・職階にふさわしい適性要件を考えるとき，われわれがそこに並べるものは，管理能力の要素である。

そこで，つぎに考えなければならないことは，管理能力の内容についてである。パーソナリティが5つの側面からなっているように，管理能力の要素もいくつかのカテゴリーに整理できると考えられる。

広義の管理能力は，図2-2に示したように，管理技能と，そのもとになる素材的なパーソナリティとに分けられる。そして，管理技能を便宜的に，アドミニストラティブ・スキル（AS：administrative skill），ヒューマン・スキル（HS：human skill），テクニカル・スキル（TS：technical skill）に分ける。カッツの3技能である。また，もとになる素材的なパーソナリティのうち，管理者にとって大事なものとして，精神的分化度（diff.），役割期待の認知力，性格・人柄，態度・モティベーション・生き方，意欲・バイタリティ，健康・体力，職歴などをあげる。

以下，かんたんに説明する。

管理技能

1．アドミニストラティブ・スキル（AS）

狭い意味での管理能力（技能）のことである。必要な情報を適切に取捨選択し，現状を的確に把握し，将来を見通し予測する能力。論理的な思考と創造性を発揮して，目標・方針を樹立し，それを達成するための具体的な計画を企画・立案する能力。適切な意思決定をタイミングよくくだし，フィードバックの機能を円滑に果たしながら，決定事項を実行に移していく能力。業務を適切に細分化し，部下の能力や性格に応じて，各業務を適切に割りあて，さらに，各業務の目標・方針を部下に明示し，必要な権限を委譲していく能力。部下に指示した業務が順調に進むよう，必要に応じて適切な助言や処置を講ずる能力。部門内，および部門間調整の能力。部下の能力や性格，業績等を客観的に把握できる能力。

計画，組織化，意思決定，評価や認知の客観性に直接関係する能力・技能である。

2．ヒューマン・スキル（HS）

他者の信条を正しく感受し，集団のメンバーと上手に相互交流し，チームワークをもりたてていく能力・技能である。つまり，上役や同僚とうまく接し，部下を上手に使い，組織の効率を高めていくヒューマン・リレーションの能力のようなものである。

3．テクニカル・スキル（TS）

各専門分野，あるいは職能分野における特定の活動，とくに仕事の方法・処理・手続き・技法などに関する知識・技能のことである。たとえば，給与計算の方法，会計処理の手順，商品知識，製品販売の手続き，日程管理の手法，機械操作の技術，製品輸出の業務手続きといったような事柄に関する知識・技能がこれにあたる。

管理行動を直接支える素材的なパーソナリティの要素

直接的な管理技能ではないが，管理行動に直接反映する素材的なパーソナリティの要素をあげると，以下のようなものになろうか。

1．精神的分化度（diff.）

diff. は，第1章(2)で述べたとおり，管理能力を支え，裏づけているものである。と同時に，diff. は，管理能力のもっとも基礎的な要素でもある。

素材としての機械的な頭の良さ，見通し，認知の客観性，思考・行動の柔軟性，独創力などがこれにあたる。

2．役割期待の認知力

自分ならびに相手方の役割を正しく認知する能力のことで，diff. の1要素である認知力の1部をなすものと考えることもできる。組織や集団がうまく機能するためには，その組織や集団のメンバーが，相互の役割に応じて同じ認識（期待）をもち，円滑な相互交流を展開することが重要である。

3．性格・人柄

気質・性格（狭義）の部分である。ただし，すでに述べたように，基本性格類型そのものは管理者の資格とは直接関係がない。ここにいう"性格"とは，意志の強さ，決断力・実行力や，"仕事を進めていくうえでの長所""良い人柄""人間の幅"などに関する特性のようなものである（表2-1"性格"の欄参照）。

4．態度・モティベーション・生き方

"何に生きているか"という基本姿勢のことである。もし2人の人間の能力が同等なら，より多くの時間を仕事に真剣に割いたほうが，管理者として勝ちである。そのような意味で，仕事や経営・管理，金もうけに健全な関心をもっていることは重要である。

5．意欲・バイタリティ

目標の達成，業務の遂行に必要な，気力・活力のことである。

6．健康・体力

同時に，意欲・バイタリティは，やはり健康・体力を前提にしているように思われる。よく野球などでも，「怪我負けしない」選手がいる。いくら優秀な選手でも，出場しなければ能力を発

揮しようがない。それと同時に，強い意欲も，健康でなければ持続できない。健康でなければ，意欲自体が起こらないのではないかとも思われる。

意欲・バイタリティ，健康・体力は，優秀な管理者の資格の基本条件といえる。

7．職歴

当然のことながら，生活史のなかで，職歴やキャリアはとくに管理行動に影響が大きい。類似の職種や職階を経験していることは，適切な管理行動を行ううえで大きな助けとなる。

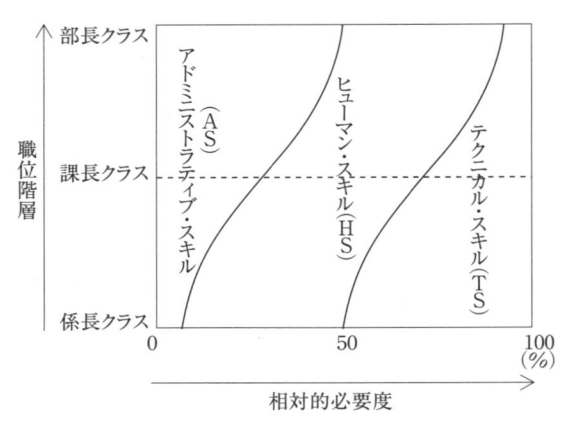

図2-5　管理技能と職階

また，さまざまな職種・職階を経験することは，管理者としての視野を広げるうえで有用であろう。

管理能力と職種・職階

管理能力のそれぞれの要素の相対的重要度は，職種・職階によって異なってくる。

まず職階についてみてみると，職階の低い層ではTSとHSが重要であるが，職階が上にのぼるにつれてTSの重要度が低くなり，かわってASの重要度が高くなる。そして，トップにおいてはASがもっとも重要な要素となる。この考え方を図式化したものが図2-5である。

また，おなじミドル・クラスの管理職であっても，ラインの課長では，AS，HS，意欲・バイタリティなどの重要度が高い。一方，基礎研究所の主任研究員では，TSの重要度が高く，HSや意欲・バイタリティ，職歴などの重要度が相対的に低くなってくる。

管理能力の可変性

管理能力の諸要素には，能力開発や組織の改善などによって，その姿を変えやすいものと，変えにくいものがある。その可変性は，素材となるパーソナリティのどの側面と関連しているかで決まる。つまり，図1-6の同心円の内側の層を素材とした管理能力は変わりにくく，外側の層を素材とするものほど高い可変性をもってくる。

たとえば，ASはパーソナリティの認知作用・判断作用に意志作用が加わったようなものである。あるいは，diff.に意志作用の加わったものといってもよい。したがって，これはどちらかというと先天的な要素が強く，変わりにくい。

HSは主に性格・能力両側面を素材としている。したがって，ASほどではないにしろ，改善しようと思ってもかんたんには変えることのできない属性を多くもっている。

同様に，性格や，意欲・バイタリティといった要素も，内側の層を素材としており，なかなか変わりにくい。

もっとも，素材としてはよいものをもちながら，自己認識の不足や環境の力によって，それが埋

表 2-2 パーソナリティ・管理能力の可変性

改変の難易度	比較的容易に変えられる面	変えるのにある程度の努力を必要とする面	変えるのに相当の努力を必要とする面	ほとんど変えることのできない面
能力的側面	＊専門的知識および技能（担当業務に関する深い知識と技術） †一般的知識および技能（関連業務や会社全体の業務に関する広い知識や技能） コスト意識・利潤意識	†基礎知識（一般的学力、語学力、常識など） 企画立案の能力（企画の正確さ、速さ、質） †方針・目標の指示能力（業務に関する方針や目標の明確な指示能力） †権限委譲の能力 ＊日常業務の処理能力（処理の正確さ、速さ、質） ＊報告能力（適時・的確な報告能力および表現能力） ＊独創力 A	理解力（上からの指示命令を受けとめる能力、同僚や下からの意見を汲みとる能力など） 洞察力（状況に対する時間的・空間的見通しの能力） 意思決定の能力（速やかで的確な判断力、決断力） 意思決定の実行力とフィードバックの能力 調整力（対立する雑多な意見やものごとをうまくまとめていく能力） †独創力 B 統率力・指導力 人材活用の能力（人を適性に応じてうまく活用する能力） 人の評価能力 部下育成の能力 折衝力・説得力 自己制御の能力（自己をコントロールしてその場に応じた役割行動をとれる能力）	†基本的な"頭の良さ"（その人本来の頭の良さ） 思考の方向性（理論的か実際的か、総合的か分析的か） †独創力 C
性格の側面	担当職務ならびに関連職務に関する役割期待	自己啓発の意欲 企業への一体感 職務に対するきびしい考え方（管理者としてのプロ意識） 仕事への自発性・研究心 仕事への積極性 上役に対する毅然たる態度 感情的安定感（劣等感、攻撃的態度、といった力動的側面）	責任感（仕事や自己の発言や意思決定に対する責任感） 信頼感・誠実さ 協調性 人間的温かみ・寛容性 仕事への執念 自己顕示欲 神経質	精神テンポ（精神の動きの遅速） 行動性（内閉的か行動的か） 馬力 持続力（スタミナ）

（注）＊は上級管理者層においてはさほど重要でないと思われる能力。
　　　†は下級管理者層においてはさほど重要でないと思われる能力。

もれてしまっているようなケースも少なくない。そのような場合には，これらの要素であっても，能力開発の効果は大きいことと思う。

　一方，TS は OJT や Off-JT などの教育・訓練によって，比較的容易に向上をはかることができる。また，個人の指向・モティベーションなども，リーダーシップ・スタイルや組織の改善によって，かなりの程度まで変えることが可能である。

　このように，管理能力の可変性は，パーソナリティのどの層と関連しているかでかなりの程度決まってくる。そして，パーソナリティの同心円の外の層は比較的変わりやすいが，中心部はほとんど変わらない。したがって，個々の仕事の要求するものとパーソナリティの中心部がマッチしている人間に外周部の行動を獲得させることは比較的容易であるが，逆に，外周部のマッチしている人間をもってきて，中心部を変えさせようとしてもほとんど不可能だといってよい。

　このようなパーソナリティ・管理能力の可変性の度合いについて，企業の要求する特性をまとめてみたのが表2-2である。

　表2-2の右側の部分が能力開発（教育・訓練）の主たる対象であり，左側の部分が適正配置の対象となる。

第3章 管理能力の発見と開発

(1) 「管理能力の発見と開発」システム

　第2章では，"管理能力"，言葉をかえていえば"適性"というものを，図2-2（扉裏の図）の各カテゴリーに構造化した。管理能力の構造が明らかになると，つぎは，管理能力の把握が問題になる。そのためには，管理者，あるいは管理者候補1人ひとりについて，つぎのような側面の把握・評価が必要であろう。

- 現在担当している職務をどのくらいやりこなす能力をもっているか
- もっている能力がどれくらい発揮されているか
- 仕事にとりくむ姿勢・意欲はどうか
- どんな属性に優れ，また劣っているのか
- 今の職務以外に，どのような適性があるのか
- 今後どのような方向に進みたいと思っているのか

　第3章では，こうした側面の把握・評価と育成の方法について述べながら，いわゆるヒューマン・アセスメントとしての"管理能力の発見と開発"について論じていくことにしたい。
　なお，"管理能力アセスメント"に関して，さらに詳しい解説を希望される方は，

- 労務行政研究所（編）「管理職の登用・選抜手法」『労政時報』別冊，1981
- 佐野・槇田・関本『新・管理能力の発見と評価』金子書房，1987
- 関本・佐野・槇田「わが国産業組織における『管理能力アセスメント』の研究」『組織行動研究』1977
- 大沢・芝・二村（編）『人事アセスメントハンドブック』金子書房，2000

などを参照されたい。

ヒューマン・アセスメント

　わが国では従来，管理能力の評価は，資格のない者をふるい落としたり，給与や昇格に差をつけるための，必要悪の手段と見なされる傾向があった。"考課・査定"といった"手段としての管理能力の評価（アセスメント）"がその代表である。
　これに対し，評価自体が目的で，それが組織だけでなく個人にとっても重要な意味をもつ管理能力の把握というものも存在している。それが，ヒューマン・アセスメントとしての"管理能力の発見と開発"である。
　"管理能力の早期発見"や，"キャリア・ディベロプメント""キャリア・デザイン"といった考

え方が示しているとおり，ヒューマン・アセスメントの直接の目的は，個人の将来の可能性や，発揮されていない潜在能力を，現在において的確に把握し，方向づけることにある。また長期的な視点にたてば，その目的は，実効ある適材適所施策を行うための組織・システムの構築ということになる。

「管理能力の発見と開発」システム

しかし，従来のような個人の能力・業績の"考課・査定"だけで，実効的な適材適所施策を行うことはむずかしい。把握された能力にできるだけ適合的な職種・職階にその人を配置しようとすれば，図3-1に示したような，長期的な視野の広い"「管理能力の発見と開発」システム"の考案が必要になる。

このシステムの目標は，"どのような人間を，どのような職務環境に配置したら，もっとも優れた職務行動・業績がうまれるか"を明らかにすることにある。言葉をかえていえば，"もっとも効果的な職務行動・業績をあげるための，人間と職務のあいだの体系的な適合システムの開発"ということになる。

心理学的職務分析

そのためにはまず，職務の内容を分析する必要がある。個々の職種・職階の職務が，どのような人間の能力・性格・知識・技能を必要としているかを分析し，記述するわけである。結果としてそこに，職種・職階ごとの，"必要最低限の資格要件"というものがでてくる。

たとえば，表2-1の適性要件を仕事の側から見れば，それは営業課長職としての資格要件ということになる。

また，イラストとして，表2-1のカテゴリーを用いて，各ポストの資格要件を記述してみると，表3-2のaのようになる。これは，各カテゴリーごとに総合した能力を，それぞれ7点満点でランクづけし，各ポストごとの必要最低限のレベルを示したものである。

これで，それぞれのポジションに適した人間を配置するための受け皿ができたことになる。われわれは，こうした職務内容あるいは資格要件の分析・記述のことを，"心理学的職務分析"と呼んでいる。

管理能力の分析と把握

つぎに必要なことは，人間の"適性"の分析・把握である。管理者の適性を考える場合，最終的な把握目標はあくまで管理能力であろう。管理能力の把握に際しては，個人のパーソナリティの把握から実際の管理行動の評価まで，さまざまな側面の体系的な分析が必要となる（図3-1参照）。

a．パーソナリティの把握：SCT

その第1は，パーソナリティの把握である。パーソナリティは，いわば管理能力の基礎をなす素材のようなものである。それを把握することによって，潜在的な管理能力の内容と程度を推測す

第3章　管理能力の発見と開発　45

職務内容の把握
○適性・資格要件
　（能力・性格・知識・技能など）
○理想的管理者像
○特殊な管理業務
　（海外支店・研究所管理など）

心理学的職務分析

職務

適合・不適合

人間

管理能力の把握と開発
（管理行動・パーソナリティの推測）
○A S
○H S
○T S
― diff.
○役割期待の認知力
○性格・人柄
○態度・モティベーション・生き方
○意欲・バイタリティ
○健康・体力
○職歴

インバスケット技法、ビジネス・ゲーム、シミュレーション・ゲームなど

管理能力

（素材的なパーソナリティの側面からのアプローチ）

パーソナリティ

パーソナリティの把握
（管理能力・管理行動の推測）
○環境
○身体
○能力
○性格
○指向

SCTなど

管理行動

（管理行動の側面からのアプローチ）

管理行動の把握
（管理能力・パーソナリティの受当性の推測）
（職務分析の受当性の検討）
○業績評価
　（目標達成度・能率）
○管理スタイルの把握

多面評価、OJTなど

図3-1　「管理能力の発見と開発」システム

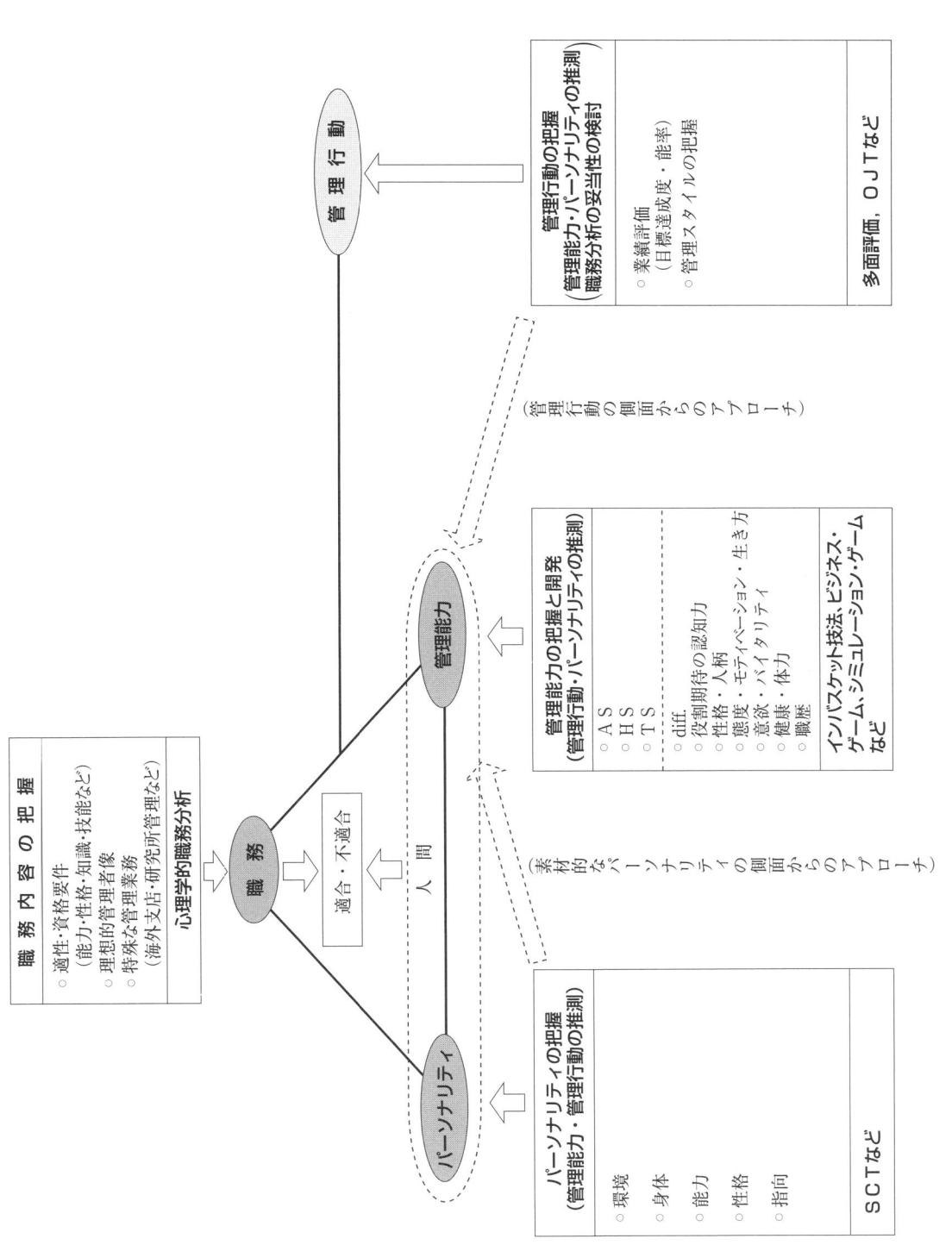

ることが可能になる。また、職務分析によってえられた仕事の内容とつきあわせることによって、人間と仕事の適合・不適合を予測することも可能になる。

　パーソナリティの構造は、おそくとも20代後半にはだいたい固まってくるといわれている。管理というものに対する知識・経験の少ない若い従業員を対象に、管理能力の早期発見・早期育成をはかる場合には、どうしても素材的な能力・性格の部分を早くから把握しておく必要がある。"管理能力の早期発見・育成"や"埋もれている潜在能力の開発"を考えるうえで、個人のパーソナリティの体系的な把握はもっとも重要な手段となる。

　パーソナリティの把握には、ふつうパーソナリティ・テスト（心理検査）と呼ばれる技法が用いられる。われわれはSCT（精研式文章完成法テスト）を用いてパーソナリティの把握を行っている。

　SCTは、心理学的には、投影法と呼ばれるパーソナリティ・テストの1つである。

　テスト用紙を開くと、"子供の頃、私は──""私はよく人から──""仕事──"といった60の刺激語が文頭に並んでいる。回答者は各々の刺激語のあとに自由に言葉を追加して、文章を完成させる。これには模範回答といわれるものはまったくなく、自分らしく書くよりほか書きようがない。したがって、反応には回答者の自由で自発的な発想と表現が現れる。

　評価者は、完成された文章を読み、そのうえに投影された回答者のパーソナリティのさまざまな側面をとらえることができる。SCTの"読み"に習熟すれば、第1章で述べたパーソナリティの各側面についての大枠（トータル・パーソナリティ）を、広く把握することができる。

　ただし、採用時に、あるいは管理能力を早期発見するために、アセスメントの道具としてSCTを使用するには、"読み手"に多少の力、つまり、ある程度の経験とセンスが必要である（現在、慶大産業研究所、槇田パーソナリティ研究所ほかで、SCTのセミナーが随時開かれている）。

　参考までに、若い大卒男性のケースとその評価結果を、表3-1に載せておく。

b．管理行動の把握：多面評価・OJT

　その第2は、実際の管理行動や業績の評価である。観察可能な行動・業績を、科学的・客観的に評価することは、われわれにいろいろな情報をもたらしてくれる。管理能力の要素のうち、専門的知識・技能・バイタリティ・人柄などの把握には、行動観察がかなり的確な方法になりうる。管理能力のその他の要素やパーソナリティについても、行動観察はパーソナリティ側からの情報を裏づけるデータを提供してくれる。また、"人間と仕事の関係がうまくいっていない"という不適合の判断は、最終的には行動観察や業績評価よりえられた「現時点」の情報によって行われる必要がある。

　ここでいう行動観察や業績評価は、いわゆる"考課・査定"を意味するものではない。

　従来の"人事考課"は直属の上司が単独で行った評価にもとづくものであった。評価が1人の人間によって行われる場合には、さまざまなバイアスがそのまま評価にでてしまう恐れがある。評価する対象が能力やパーソナリティのようなあいまいなものであれば、それだけバイアスは大きくなる。

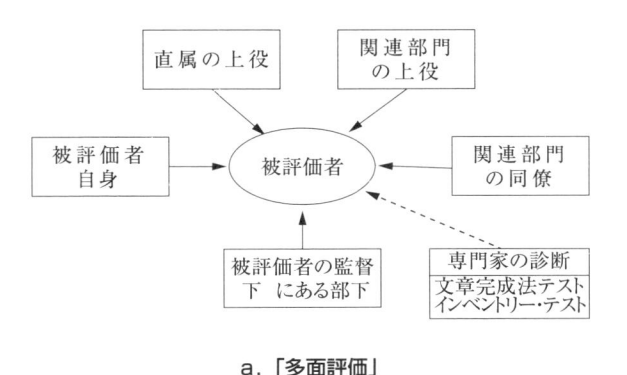

第3章　管理能力の発見と開発　47

a．「多面評価」　　　　　　　b．従来の「線による人事考課」
図3-2　多面評価の図式

　そうした難点を補うため，"面（役割の異なる多数の人）による評価"を導入すれば，個人の評価バイアスはならされて，より客観的で総合的な把握が可能となる。また，バイアスを強くもつ評価者を判別することもできる。
　われわれは，こうした新しい評価法を"多面評価"と呼んでいる。多面評価とは，1人の被評価者に対して，数人以上の評価者が相互に独立に評価を行うことである。図3-2に，従来の"線による人事考課"と，新しい"多面評価"の違いを図式化して示す。
　評価者は，上役・同僚・部下のなかから，被評価者をよく知っている者が選ばれる。さらに，被評価者本人の評価も大切である。とくに，他者評価の集計結果が本人にフィードバックされる場合には，自己と他者の評価の食い違いが，強力な"自己発見"の機会を提供することになる。また時には，事前に，特定の職種・職階のポストの"理想像""平均像"をもとめて，個人のデータを位置づけるための基準とする場合もある。
　個人を評価するための評価項目は，すでに述べた"心理学的職務分析"によって決定される。管理能力のカテゴリーをそのまま転用してもよいが，特定のポストの業績評価・適性評価を行うのであれば，それにみあった評価項目が各ポストごとに必要であろう。そのように考えていくと，"資格要件"を記述するための項目がすなわちそれにあたることになる（表2-1，表3-2参照）。
　また，われわれは，上司がその監督下にある従業員に対して果たすべき職務は，まず第1に，仕事の指示と従業員の能力の開発・育成であると考えている。行動観察・業績評価でえられた情報は，管理能力の把握に利用するだけではなく，管理能力の開発・育成にもぜひ利用すべきである。OJTにおいて上司が果たすべき役割は，そうした意味からも非常に大きい。

c．管理能力の把握：インバスケット技法

　その第3は，管理能力を直接把握する方法である。受講者に，ある管理職の役割を与え，シミュレーション状況で疑似的な管理行動をとらせる。その疑似的な管理行動を分析することによって，受講者の管理能力の構造と程度を測定する。シミュレーション・ゲーム，ビジネス・ゲームなどと呼ばれるこの第3の技法は，比較的新しい管理能力測定技法である。
　その最大の特徴は，シミュレーション状況をどのようにでも変えることができるということであ

表 3-1 SCT による

ケース A　25歳0か月　男　大卒

《データ》Part I
 1　子供の頃，私は　　よく寝小便をしては肩身の狭い思いをした。
 2　私はよく人から　　どっか大事な所が一本抜けてると云われる。
 3　家の暮し　　の心配は親にまかせて，俺は気儘に育って来た。
 4　私の失敗　　の結果は私が一人で受け止めよう。誰にも頼らないで。
 5　家の人は私を　　強い風雨に当たらないようにして育てて来た。
 6　私が得意になるのは　　別に之と云った理由がある訳じゃないのです。あの人が勝ったことが何となく得意に思えるだけなのです。
 7　争い　　は決してみにくいことだと思わない。争うべきことがあるのにそれをウヤウヤにほうむってしまう方がよっぽどみにくいと思う。
 8　私が知りたいことは　　何故もっと早く岸さんが辞めなかったのかと云うこと。
 9　私の父　　はお人好しだ。孫をあやす時の笑顔がそれを物語る。
10　私がきらいなのは　　云ことばかりデカくて，実際は何もやらない奴。
11　私の服　　はすぐよれよれになってしまう。母に云わせると私は"着崩し"の名人なのだそうだ。
12　死　　に値する死を探り当てるために人は生きている。
13　人々　　よ，自分の思うことをはっきり云おう。皆で云おう。
14　私の出来ないことは　　人がやって呉れるだろう。人生はあいみたがいだもの。
15　運動　　は行動の精神を教える。体でぶつかることを。
16　将来　　のことなど考えてる余裕が今の若ものたちの多くにはない。
17　もし私の母が　　病弱でなかったら，私はもっと違った人間になっていただろう。
18　仕事　　仕事とアクセクするな。長い人生，焦っちゃ損よ。
19　私がひそかに　　構想を練ってるのは，戦争で死んで行った若ものたちの話。
20　世の中　　よ道こそなけれ思い入る，の札を，俺は決して逃したことはなかった。
21　夫　　という言葉のもつ語感は何か古風である。ダンナクとかウチの人とか云う方がむしろ新しい。
22　時々私は　　大声で歌いたくなる。
23　私が心をひかれるのは　　自分のやることに自分の全てをかけているそんな人です。
24　私の不平は　　聞いてもらわねばならぬ。あなたの方の不満も聞くから。
25　私の兄弟（姉妹）　　はみんな気が小さい。
26　職場では　　伸々と仕事をし合うのが一番いいのだ。
27　私の顔　　は人なみである。別に大した顔ではない。
28　今までは　　訓練期間。之から日本の民主主義が本当に成長を始める時。
29　女　　はいいもんだ。女は太陽であるべきだ。
30　私が思い出すのは　　風雲きびしいあの尾根に立ったあの日。

る。受講者にとって，現実の状況を与えることもできれば，未来の状況を想定することもできる。受講者の所属する企業をモデルにすることも可能なら，まったく架空の組織を創造することも可能である。こうした設定の変化によって，管理能力の総合的な把握はもちろん，ゲームを行いながら特定の要素に焦点をあてた教育・訓練をほどこすことも可能になる。

　われわれは，インバスケット技法を用いて，そうした試みを行ってきた。本書のメイン・テーマもそこにある。

　インバスケット技法については，第Ⅱ部以降で詳しく述べることにする。

パーソナリティの把握

《評価》

環　　境		父親はお人好し。母は病弱で，これが本人に多少影響を与えているようである。兄弟姉妹の中では dominant のよう。家庭状況に大きな問題点はない様子。育ちがよいかんじ。社会生活も積極的で，行動的。
身　　体	ener. ＋	健康については恵まれているらしい。容姿については特にどうということもないらしい。体力には自信がありそうであり，運動神経もある程度発達しているのではないか。
能　　力	diff. ＋＋	25歳，精神的分化度は高いであろう。見通しも優れている。育ちの良さもあろうが，かなりの知的能力がなければ，Zとして，これだけの客観性は持ちにくい。

性　　格	type Zh	G ＋	H ～＋	N ±	secu. ＋
	典型的なZのタイプである。従って，協調的，活動的であり，もちろんエネルギーもある。育ち，知的能力などから来る顕耀性（G）も多少はあるが，これも社会的にみてプラスにはなっても，問題にはならないと思われる。特に目立った complex はない。				

指　　向	意欲 ＋	Zらしく，社会問題に関して相当関心が深く，社会のために働くことは生活態度の一部になっているのではないか。はっきりとは現れていないが，文学，あるいは類似の指向がありそうである。
総合評価	総合評価　D　C　B　Ⓐ	
	積極的な社会生活であり，行動も伴っているのだろう。心の友は少ないと言っているが，これはむしろ知的能力のせいで，平均的にみれば交友範囲も広いと思われる。この年齢にしては，心理的安定性（secu.）は高い。生活史にも，ほとんどマイナスの条件がなかったのだろう。	

（2）　個人別　能力評価・能力開発

　前節では，"「管理能力の発見と開発」システム"の構造について説明した。そこでここでは，参考例を用いながら，管理能力の把握と適性の問題，管理能力の育成の問題などについて，具体的に検討してみようと思う。

　上に述べたようなさまざまな側面からのデータを体系的に分析すると，個人の管理能力の構造と程度がかなり明らかとなる。

　そうした資料を保存しておけば，人事異動・昇進に際して，ただちに適性のある者を適所に配置することが可能になる（もちろん，資料が物語る内容は基本的な資格要件を具備している者につい

表 3-2 ポストごとの資格要件と，個人別管理能力評価

a. 職種・職階別 資格要件

職種・職階 \ カテゴリー	TS	HS	AS	diff.	性格	指向	意欲
営業部長（H）	4	5	6	6	・	・	・
営業課長（M）	4	5	5	5	・	・	・
営業係長（L）	4	4	4	4	・	・	・
人事部長	⋮	⋮	⋮	⋮			

b. 個人別 管理能力評価

個人 \ カテゴリー	TS	HS	AS	diff.	性格	指向	意欲
A	5	3	4	4	・	・	・
B	4	4	5	4	・	・	・
C	3	5	6	6	・	・	・
D	4	6	5	5	・	・	・
⋮							
X	3	4	4	6	・	・	・
Y	2	3	3	6	・	・	・
Z	6	3	2	2	・	・	・

ての情報だけである。それを具体化し，血の通った人事配置をするのは，人事部門の人間のすることである）。また，各人の教育・訓練・育成にあたって，どの点にウェイトをおくべきかという資料にもなりうる。しかし第2章で述べたように，管理能力のカテゴリーには，先天的要素が強いものと，比較的容易に獲得できるものとがある。したがって，適正配置・昇進を考える場合には，この点に留意する必要がある。

個人別 管理能力 評価・育成

　管理能力のカテゴリーを用いて，各ポストの資格要件を記述したイラストを，表3-2のaに示す。これは，カテゴリーに総合した能力を，それぞれ7点満点でランクづけし，各ポストごとの必要最低限のレベルを示したものである。
　また，A〜Zのn人の個人の管理能力を測定したら，表3-2のbのようなデータがえられたとしよう。数字は，表3-2のaの資格要件と同様，管理能力の各カテゴリーについて7点満点の評価を示しているものとする。
　するとここで，表3-2のa，bの数字を比較すれば，各個人の適性が判断できることになる。
　表3-2の例でいえば，営業係長になるためには，TS，HS，AS，diff.すべてに4以上の評価が必要である。したがってこのままでいえば，ABCDのうち，BとDが有資格者である。そして，AはHSが，CはTSが1ランク不足している。しかし，TS，HSを教育・訓練して1ランクあげることは困難なことではない。したがってこの場合，管理能力の育成も考慮すれば，4人とも係長にすることが可能である。
　つぎに営業課長であるが，課長になるための資格要件としては，TSが4で，あとはすべて5である。したがって，現状での有資格者はDのみである。AはHSがマイナス2，AS，diff.がマイナス1。BはHS，diff.がマイナス1。CはTSがマイナス1である。この場合，すでに第2章で述べたように，TS，HSを1ランクあげることは可能である。しかし，AS，diff.を1ランクあげることは容易ではない。ことに，diff.はそうである。このような変わりにくさの難易度を順序づければ，

diff.＞AS＞HS＞TS となるであろう。つまり，C を訓練して課長にすることは容易であるが，B を育成することは相当大変である。ただ，AS は条件を満たしているので不可能ではない。それに対し，A は diff., AS ともに不足している。このケースは，いかに訓練・育成しても，課長の職務をマスターすることはむずかしいであろう。TS の評価が高いので，どちらかといえば，技術職・専門職的な"ベテラン"のタイプである。

最後に営業部長であるが，上記4人のなかにこの条件を満たしている者はいない。しかし，今までの説明でわかるように，C には育成の可能性がある。

こうみてくると，B はどちらかといえば実戦的な係長，D は人使いのうまいベテラン課長ということがわかるであろう。

また，これまでに述べたことから，課長として優秀であるということが，ただちに優れた部長になりうるということには結びつかない点もおわかりいただけたことと思う。今日一般に行われている昇進には，このような混同が散見される。業績評価と昇進とは，別の次元の問題である。

以上述べたことは，一応，各個人の年齢，キャリアを度外視している。そういう点まで考慮に入れると，優秀な管理者で，その職種のキャリアが浅い場合は，TS が相対的に低い C のような評価になるであろう。Z はその逆の，現場のベテランである。

同様に，X がもし入社4〜5年の若手社員であれば，近い将来優秀な管理者になる可能性がある。また，入社後まだ日の浅い幹部候補生ならば，Y のようになるであろう。

したがって，職務の内容や専門的な知識に乏しい若い段階では，diff. に重点をおいて調べるより仕方がない。そこで，"管理能力の早期発見"をめざす場合，あるいは採用試験などでは，SCT その他のパーソナリティ・テストが意味をもってくる。

管理能力 評価・育成の時期

わが国では，現在，定期採用者の育成が原則であり，近い将来もその傾向は大きくは変わらないように思われる。したがって，有能な管理者の早期発見・育成は，企業にとって最重要事項である。いいかえれば，個人の適性の把握と育成が重要な課題ということになる。

そして，職種・職階によって要求されるものが異なる以上，さらには，それにしめる先天的要素が比較的大きい以上，それにあわせた人材の発見・育成が肝要となる。

以上の点を図式的に表せば，図3-3のような関係になる。

ピラミッドの底辺をなすものが一般従業員である。そしてそのうえに下級管理者がおり，そのうえに中級管理者，さらにそのうえに上級管理者がいる。また，各級管理者に要求される資格は，表3-2のaに示したように，それぞれ異なっている。

各々のクラスの適格者は，各クラスの"最低資格"以上の能力があることを要求される。したがって，上級クラス（H）の適格者は"H"の資格をもっている者のみであるが，中級クラス（M）の適格者は"M 以上"，すなわち M・H となる。同様に，下級クラス（L）の適格者は"L 以上"，すなわち L・M・H となる。

ここで，現在の日本の慣行となっている"学卒者育成"を考えてみよう。学卒者は原則として一

52　第Ⅰ部　管理能力とパーソナリティ

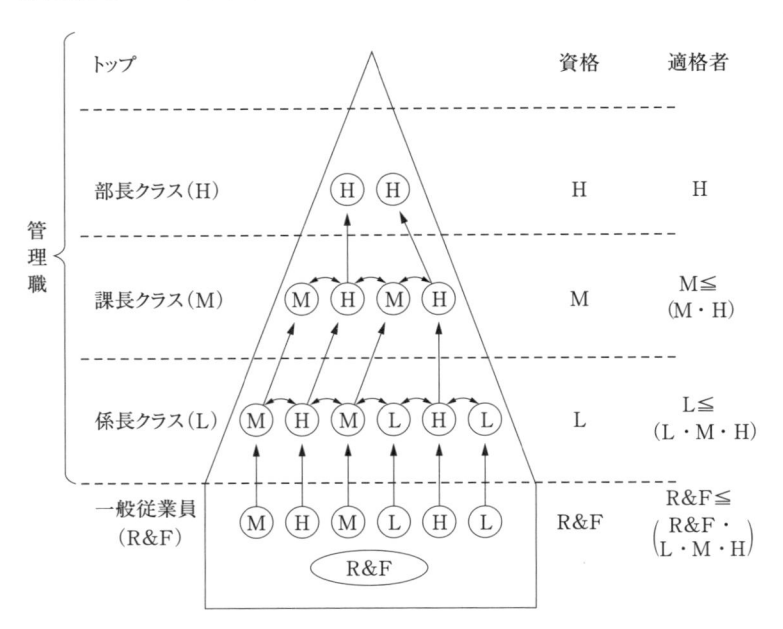

図3-3　「人材の発見と育成」モデル

般従業員（ランク＆ファイル：R&F）の層に入れられる。したがって，このR&F層には，能力的に見て，将来の上級管理者も，中・下級管理者も，本来のR&F（？）もふくまれている。そして順次，最低資格保持者以上の者が，うえのランクに昇格していく。

　この関係を図にしたのが，図3-3である。各ランク内の個人相互の矢印は，その段階では一応MとかHとか評価された者も，その後の自己啓発の努力や能力開発，あるいは逆にマイナスの要因によって，評価が変動する可能性を示している（ただし，LからHへ2ランクあがることは通常の人間ではまずありえないと思う。反対に，さがることは容易である）。

　このような構成を考えてみると，そこからいくつかの問題がでてくる。

　第1は，"いつ""いかなる方法"でこのようなアセスメントをしたらいいかという問題である。当然考えられるように，各ランク（R&D, L, M, H），2〜3ないし4〜5年の段階でなんらかのフィルターにかけ，それによって訓練・育成，昇進，あるいは適正配置を考えていくべきである。たとえば，"この人間はTSが弱いからその点を教育する"とか，"この人間はHSさえ訓練すれば課長になりうる"，あるいは，"この人間は管理職よりも専門職に向いている"といった判断がそれである。

　そのためには，管理能力のカテゴリーすべてを評価しなくてはならない。これはかなり手間のかかることであり，とても1，2のテスト，手段でカバーできるものではない。したがって，そのためには，各カテゴリーを調べるのにもっとも適した手段を考え，これらを組みあわせて全体をカバーすることを考えなくてはならない。図3-4のaは，そのようなテスト・バッテリーの1例を図式化したものである。

　さてつぎは，各カテゴリーの特性の育成・能力開発の問題である。この点に関しても，単純な手段でわりきるのはやはり危険であろう。カテゴリー別，ランク別にもっとも適した手段を考え，適

用していかなければならない。そのためには，各カテゴリー，能力ランクに対応した手段のレパートリーを用意し，適宜，組みあわせを考えていくべきである。また，OJT やジョブローテーションなどの手法も，こうした訓練・育成法の重要な一郭をしめることになるだろう。この点についての考え方を図式化したものが，図3-4のbである。

いうまでもなく，われわれは企業の人事担当者の優れた慧眼には常々敬意を払っている。彼らの"人を見る目"は，一般の心理学的技法では及びもつかない何ものかをもっている。したがって，われわれの開発する技法は，彼らの目の届かない部分をおさえるための道具としての機能を果たすべきものである。具体的には，"採用試験時や若い一般従業員の，潜在的な管理能力の把握""中堅社員の能力開発・育成"などが，もっとも適切な適用例であろう。

肝心なことは，いかに早く確実に各自の特質を把握し，それにあった能力開発を行っていくかということである。これは早いほど望ましい。遅くとも20代後半には，可塑性としての基本的要素は形成される。そして，評価も可能である。

a．管理能力評価のためのテスト・バッテリー

カテゴリー＼テスト	TS	HS	AS	diff.	性格	指向	意欲
スキルズ・インベントリー	■						
多面評価					■	■	■
SCT				■	■	■	■
インバスケット	■	■	■	■			

■ 調べる範囲

b．管理能力育成のための技法

カテゴリー＼手段	TS	HS	AS	diff.	性格	指向	意欲
OJT	■	■	■				
MTP	■	■	■				
ケース・メソッド	■	■	■				
インバスケット	■	■	■				

■ 訓練の範囲
■ とくに向く範囲

図3-4 「管理能力の発見と育成」技法

管理能力の早期発見・早期育成は，本人にとっても，企業にとっても，きわめて重要な問題である。逆に，そのアセスメントをためらい，タイミングを遅らせることは，かえって本来もっている能力を腐らせ，大成を妨げることを指摘しておきたい。

(3) 真の目的別人事管理

最後に，人事管理に関する考え方を整理してみよう。

いままで述べてきたことからわかるように，要するに，人事管理の目的は，いかに1人ひとりの従業員のパーソナリティ特性をふまえ，そのうえで，必要な教育・訓練を施し，能力を開発し，適材を適所に配置するかということである。また，業績，貢献度に応じて賞罰を施し，組織を活性

化し，充実させるということである。そして，そのために必要なアセスメントを適切な時期に実施し，必要な教育・訓練，ジョブローテーション，キャリア・ディベロプメントを施すことである。

しかし，そのような施策の必要な時期・内容は，当然，従業員によって異なる。したがって，各人のレベルにより，必要に応じて，アセスメントならびに施策は異なってくる。このようなレベルによる評価・施策を整理したものが，表3-3である。

以下，この表にそってかんたんに説明する。

一般に，人事考課の目的は，賞罰的管理，適正配置，教育・訓練に大別される。そしてそれらは，それぞれ，その目的とするところが異なる。

"賞罰的管理"というのは，1人ひとりの従業員の過去の業績，勤務ぶりなどを評価し，昇給，賞与などに反映させるためのものである。したがって，評価は毎期行うことになり，それにいちばんふさわしい評価者は直属の上司ということになる。また，なるべく客観的な評価の指標を設ければ，評定誤差の影響も少なくてすむ。

一方，個々の従業員が，どういう"能力"があるか，あるいは，"適性"があるか，ということは，そうかんたんにはわからない。したがって，なるべく大勢の人が慎重に評価することが望ましい。ゆえに，多面評価のような方法がふさわしい。これは，実施するのにかなりの時間・労力がいる方法であるが，中堅管理者，あるいはその候補者の適性を見つけるためには，その程度の労を惜しむべきではない。それだけの価値はあるし，また，毎年実施するものではない。評価項目の内容を考えればわかるように，これらは毎年クルクル変わるようなものではない。ゆえに，数年の間隔で，折り目，節目に実施すればよい。

最後に，"能力開発"のための考課であるが，これは，若年層の潜在能力を評価し，教育・訓練，ジョブローテーション，キャリア・ディベロプメントなどに役立たせるためのものである。したがって，評価項目はパーソナリティであり，評価は人事スタッフならびに専門家が中心になる。

このように考えると，従来，安易に目的別人事考課などといって，"1枚のシートに業績から勤務態度，性格の項目まで入った評価用紙をつくり，それを直属の上司が1人で，毎期評価をする"

表3-3 真の目的別人事管理

分析レベル	評価の目的	どの時点の評価か	評価の内容	評価の項目	評価の対象	評価の時期	評価者	評価方法
I 日常の管理行動の分析レベル	賞罰	過去	業績評価	売上げなど	管理職	毎期	直属上司	機械的，数量的
II・III 管理能力の分析レベル	適正配置	現在	管理能力の評価	管理能力の各項目	管理職+候補者	昇格前，20代後半～30代3～5年ごと	複数評価者，人事関係者	多面評価法
IV パーソナリティの分析レベル	能力開発	未来	潜在能力の評価	パーソナリティの各側面	管理職候補者	採用時，3年後，6年後	専門家，人事関係者	心理検査，SCTなど

という方法は，まったく無意味，ナンセンスなものだということがわかると思う。

　少なくとも，表3-3にあるような"レベル"ごと，"目的"ごとに，評価の"時期""内容""方法""評価者"を考えるべきであり，これこそが"真の目的別人事考課"であろう。

　以上で，管理能力とパーソナリティについての概説をおわる。

第Ⅱ部

「インバスケット・ゲーム」
開発の史的瞥見ならびに現状

第Ⅱ部では，はじめにインバスケット技法の概要を，アメリカにおけるインバスケット技法の状況とあわせて紹介する。つぎに，これまで，わが国において開発・実施されてきたいくつかのインバスケット技法を紹介する。ここでは，われわれの研究グループが開発・施行してきたものをとくに詳しく述べるが，「慶応産研版インバスケット・ゲーム」については，第Ⅳ部「事例編」に実例の一部を掲載したので，参照願いたい。

第4章 「インバスケット技法」[*1] とは

(1) 「インバスケット技法」開発の概要

　インバスケット技法（ゲーム／テスト）は，1952年に，プリンストン大学の Educational Testing Service（ETS）が，空軍の人事・教育研究所から「空軍の Command and Staff School の教育・訓練がどうしたら好ましい結果を生みだすようになるか，また，訓練の目的がどの程度達成できたかを測るためのうまい方法はないか」という課題を研究してもらいたいとの依頼を受け，ノーマン・フレデリクセンの監督のもとに開発されたものである。つまりその所期の目的は，教育・訓練ならびに教育効果の測定という点にあった。

　1953年7月，最初のインバスケット・ゲームが，Command and Staff School の全学生に実施され，その調査データから，スコアリングの方法が開発され，"現段階の結果からみて，インバスケット・ゲームは教育・訓練に対する有効な方法のように思われる。というのは，このゲームによって，訓練生の学習成果を，より明確に理解できるからである"という結論をだした。

　この結論に刺激されて，産業界もこのゲームに注目し始めた。なかでも，1955年に ETS によって組織された "The Executive Study" の研究グループに属しているいくつかの会社が興味を示した。アメリカ電信電話会社（AT&T）がその口火を切り，1956年に，ETS の協力をえて，このゲームの産業界への初の適用を試みた。目的は，やはりミドル・マネジメントの教育・訓練にあった。その後このゲームが産業界で広く用いられるようになり，データと経験がつみかさねられていくうちに，このゲームが，単に教育・訓練に有効であるばかりでなく，管理者の評価と選抜（assessment and selection）にも有効な方法であることがわかってきた。そこで，1958年に，ミシガン・ベル社が第一線管理者の選抜にこのゲームを使用した。これが評価を目的としたインバスケット・テストの最初である。

　インバスケット技法は，その後も，広く用いられて，とくに，アセスメント・センター方式の演習としては，もっとも予測力のある演習と見なされ，演習の中核をなしている。その使用目的は，①教育・訓練を目的としたもの，②管理者の評価・選抜を目的としたもの，はもちろん，③社会心理学等における実験状況設定の手法，としても用いられている。

[*1] この技法は，"ゲーム" とも "テスト" とも呼ばれている。どちらでも別に支障はないが，しいていえば，"テスト" という時は評価・選抜的意味合いが，"ゲーム" と呼ぶ時は教育・訓練的ニュアンスが強いように思われる。それで，われわれは本書で述べる中心的技法のことを，多少意識的に，"ゲーム" と呼ぶことにする。

(2) 「インバスケット・ゲーム」の内容

　インバスケット・ゲームは，その名が示すように，管理職の机の上のインバスケット（In-Basket：未決箱）のなかに入っている未決裁の書類や報告書，手紙，メモ，メールを，そのポストの管理職になったつもりで，ある限られた時間内に処理させていくという，きわめて現実的・状況的なゲームである。

　ゲームの参加者（被検査者）は，突然ある状況において，いくつかの意思決定とアクションをとらなければならない管理者の役割を担わされる。通常，それは本人があまり慣れていない管理者の役割である場合が多い（たとえば，ある工場長が急死したために，急遽後任の工場長に任命され，前工場長に代わって緊急の業務処理をしなければならないといった状況）。彼の机の脇にはインバスケットがおかれており，そのなかには意思決定をしなければならない，あるいは意思決定をする際に必要な情報を与えてくれる，数多くの書類，報告書，手紙，メモ，メールといったものが無差別に入れてある。

　被検査者に求められる意思決定事項は，普通 20 数項目から 30 項目におよび，そのなかには緊急度や重要度を異にするいろいろな事項がふくまれている。被検査者は，そのポストの管理者になったつもりで，ある限られた時間内（だいたい 1 時間 30 分～3 時間）にインバスケット内の書類を処理し，それぞれに必要な意思決定とアクションとを行っていく。彼は，それらの書類を検討し，その重要度や緊急度を考慮しながら，必要に応じて自ら意思決定をくだしたり，計画を練ったり，報告書や返事を書いたりする。また，部下に権限を委譲してその処理を任せることもある。場合によっては，その処理を延期したり無視したりすることも必要となる。さらに意思決定をくだす前に，もっと必要な情報を集めるよう努力したり，上司や部下と話しあったり，会合をもったりすることもある。以上のように，被検査者は，このゲームにおいて管理者としての管理行動やリーダーシップを自分の意のままに展開していくことが求められる。

　同時に被検査者は，自分がこれらの決裁事項のそれぞれに関し，どのような意思決定を行い，どのようなアクションをとったか，また，なぜそのような意思決定をとったのかを，所定の記録用紙（アクションシート）に記入することを求められる。この際，添付のカレンダーを参照しながら，アクションの日程計画についても考え，その計画をスケジュール表にメモする。

　被検査者が記入した意思決定，アクションに関する記録用紙とスケジュール表とは，あらかじめ用意された採点手引書に照らして分析・採点され，その結果にもとづいて，彼の管理者としての意思決定能力や管理スタイルが測定される。

　以上がインバスケット・ゲームのあらましであるが，このゲームは，普通のテストのように，あらかじめ用意された一連の回答項目のなかから，自分の考えや自分の状況にあう項目を選んでチェックしていくといった受身的なものではなく，シミュレートされた管理者としての課題解決状況のなかで自主的な意思決定行動を展開することを要求される，きわめて現実的，能動的なゲームである。いってみれば，ビジネス・ゲーム，ケース・メソッド，ロール・プレイングを一体にした

ようなゲームといえる。

ゲーム問題（インバスケット内の未処理書類）の作成

インバスケット・ゲーム作成のなかで中核となるところである。

通常，ゲーム問題は，日常の業務処理場面の場合と同様，実際的な業務連絡書類，報告書，手紙，メモ，メールなどによって提示される。時には，電話によるよびだしや口頭によるメッセージなどを採用することもある。一連のゲーム問題は，その重要度や時間的制約度，また追加情報を必要とする度合いにおいて，いろいろと異なっており，現実のビジネスの状況に近い形でダイナミックに構成されている。被検査者は，これらの問題を所与の状況のもとで分析評価し，意思決定を行っていく。

現実的・実際的な良い問題を作るためには，まず管理者の日常の業務を分析し，その要素を正しく把握する必要がある。そしてそのうえで，それらの諸要素（次元）をふくんだ問題を作成しなければならない。

ここで，例として，シアズ・ローバック社のインバスケット・ゲーム問題の表題と発信者（一部）を，表 4 − 1 に，また，ゼネラル・エレクトリック（GE）社のそれを，表 4 − 2 に示す。前者は，シアズ社のエクスビル B1-A 店のストア・マネージャーが，ゲーム上の役割として設定される。

表 4 − 1　シアズ・ローバック社のインバスケット・ゲーム問題

1. 中西部地区報告書（小売店 ABC）	副社長　サマーフォール
2. 子供服マネージャーの辞職願	人事担当マネージャー　リチャード・スタンダード
3. 人事担当者への講演の依頼	イクスビル州立大学
4. 顧客サービスの問題	サービス管理者　ゴーデンツ
5. コール天の色の注文違い	商品管理者　ロバート・ブラウン
6. 高年女性従業員への教育の提言	業務監督　ヘンリ・マーカー
7. 空港エアコンの修理・撤回問題	商品管理者　ロバート・ブラウン
8. 問題のある新従業員の情報	記録部　ジョン・ホール
9. 州の枕販売中止命令	家庭用品管理者　ジョン・ジョーンズ
10. 売上改善計画書の提出要請	中西部地区管理者　フランク・ハスティング
11. 復職の打診状	ジョン・マーティ
12. 電話販売のコミッション中止要請	給与政策部　フランク・ロング

表 4 − 2　ゼネラル・エレクトリック社のインバスケット・ゲーム問題

1. ランプ事業部の人身災害状況	人事研修部　アイケン
2. 長期生産計画について	生産管理部　マクウイター
3. ミッチェルの会計職への推薦	経理部　アーヴィル
4. 休憩室設置の件	製造担当課長　ゼコヴィッチ
5. 776 型硬質ガラス製品の在庫量の打診	ブリッジビルガラス工場　ビュリック
6. 工場内の貨車脱線に対する補償要求	エリー鉄道会社次長　ウイルソン
7. 女性作業者の提訴問題	総務担当者　バンドレン
8. 一般社員との会合の提案	品質管理担当課長　ジョンセン
9. 天然ガス貯蔵地下設備の廃棄について	バシランランプ工場　ブリッジス
10. 品質管理関係の研修会のお知らせ	製造業務品質管理教育部コンサルタント　プレス
11. カラー電球出荷増量の要請	生産管理部　シッドゴールド
12. 製造機械の見積書	スワソン・エリー社常務　レオナード・スワソン

後者は，GE社ランプ事業部ミードビル工場の工場長が，ゲーム上の役割として設定される。いずれの場合も，新任のストア・マネージャーであり，工場長である。インバスケット・ゲーム問題は，現実の職務状況において，ストア・マネージャー，工場長として担う役割を映しだしたものであり，いわゆる"管理能力"のみならず，マーケティングとの関連で，経営戦略的な判断・意思決定をも求められる，きわめて多角的な状況が設定されている。

アクションシートの作成

これは，被検査者が各ゲーム問題に対し，どのような意思決定およびアクションをとったのか，また，なぜそのような意思決定やアクションをとったのかを記録させる用紙である。ゲームについての被検査者の行動（意思決定・アクション）の分析と評価，およびその結果についてのフィードバックは，この資料を基礎にして行われる。

採点手引書の作成

これは，被検査者がゲーム問題に対して示した反応をどのように分類・採点していくかを示すものである。その中心となるのは，採点基準の設定である。これは問題の作成と並んで重要な部分である。

インバスケット・ゲームに対する被検査者の反応の評価は，通常，つぎの2つの方向から行われる。

1つは，反応の内容面に焦点を当てるものである。これは，ゲーム問題に対する反応の内容そのもの（what was done）を評価する方法である。普通，各ゲーム問題ごとに，考えうる意思決定やアクションがリストされており，被検査者がそのいずれかの意思決定やアクションをとった時には，その欄にチェックするという方法がとられる。しかし，各ゲーム問題に対してとられた意思決定やアクションの内容は質的に異なるので，あらかじめ，それらの内容を適否に従って評価しておき（エクスパートたちの集団討議によって，＋1，0，－1などの評価を与えておく），該当する意思決定やアクションがとられた時は，この評価基準にもとづいて，スコアを与える。最後に，全テスト問題を通してこれらのスコアを合計し，それを内容面のスコアとする。

もう1つは，反応のスタイル面に焦点をあてるものである。これは，被検査者がテスト問題に対してどのように反応したか（how it was done）ということに対する評価である。たとえば，その場ですぐに最終決定をしてしまう，部下に権限を委譲する，意思決定にあたって他の項目や背景情報を関連づける，関係者とコミュニケーションをとる，といったような問題処理の種々のスタイルに対する評価である。各ゲーム問題の処理に示されたこのような反応のスタイルが数えあげられ，採点に使われる。

このほかに，熟練した何人かの採点者が，インバスケット・ゲームに対する被検査者の全般的反応を観察し，その概括的印象にもとづいてゲーム結果の良し悪しを評価していく，総括的・主観的評価もある。

先ほど，表4-1，表4-2にその表題を示したシアズ・ローバック社，GE社のインバスケッ

表4-3 米国版インバスケット・ゲームの評価カテゴリー

		シアズ・ローバック社版 (27カテゴリー)	ゼネラル・エレクトリック社版 (27カテゴリー)		シアズ・ローバック社版	ゼネラル・エレクトリック社版
生産性		○アクションなし ○消極的アクション ○積極的アクション ○出されたアイディアや要素の数	○生産性（所定時間内に処理された問題の数）	意思決定の過程	○上司あるいは部下の示唆や指示に従う ○上司あるいは部下に助言，情報，指導を求める ○討議，アイディア交換，意見などを求める ○対面的接触を求める	○部下のリードに従う（部下の意見や指示に従う） ○意思決定のための情報収集 ○部下からの情報収集 ○部下との話し合い ○意思決定のために必要な手続きへの到達
組織化	日程計画	○明確な日程計画 ○一般的な日程計画 ○不明確な日程計画	○当日および翌日の日程計画への組み込み ○同じ週あるいは翌週の日程計画への組み込み ○不明確な作業日程	管理上のコントロールとコミュニケーション	○状況のフォロー（とられたアクションやその結果がその後どうなっているかに関する情報収集） ○個人的覚え書きの作成（処理された問題をチェックするための覚え書きの作成） ○上司や部下へのアクションの説明	
		○優先順位の指定 ○他の問題や背景情報との関連づけ ○先入判断，不当な仮定，誤まれる状況認知	○他の問題や背景情報との関連づけ ○先入判断，不当な仮定，誤まれる状況認知			
管理行動	アクションのタイプ	○意思決定の引き延しおよび保留 ○アクションの始動 ○最終的アクション	○アクションの立案のみ ○結論的意思決定 ○始動的アクション ○最終的アクション ○既存の手続きに従うアクション ○新しい手続きの導入	反応の表現	○社会的感受性 ○丁寧さ ○気安さ，形式ばらない	○従業員モラールへの配慮 ○コスト意識 ○部下に対する丁寧さ ○部下に対する気安さ ○対面コミュニケーションの利用 ○電話によるコミュニケーションの利用 ○文書によるコミュニケーションの利用
	アクションの取り扱い	○完全な権限委譲 ○部分的権限委譲（問題の処理に関し一般的な示唆や指示は行うが，意思決定は部下に任せる） ○明確な指示・命令の提供（権限は委譲されない） ○他人を関与させない問題の処理	○権限委譲 ○指示あるいは示唆の提供 ○部下の関与	その他		

ト・ゲームは，表4-3に示すようなカテゴリーによって評価されている。これは，反応のスタイルに対する評価である。

　以上が，アメリカの企業で用いられているインバスケット・ゲームの評価方法のあらましである。

　通常は，この他に，被検査者とのインタビューが行われ，その結果とゲームの評価結果を総合したsummary reportが作成される。

第5章 日本のインバスケット技法

本章では，わが国におけるインバスケット技法について概観する。

はじめに，慶応ビジネス・スクール版（KBS）インバスケット・テストを紹介する。これは，能力開発にも選抜にも用いることができるように作成されたものである。

つぎに，マネジメント・サービス・センターおよび，リクルートの研修プログラムのなかで用いられているインバスケット技法についてかんたんに述べる。

最後に，われわれの研究グループが開発・施行した，ある百貨店におけるインバスケット・ゲームについて述べる。これは，教育・研修に用い，さらに可能ならば，選抜にも使用するねらいもふくめて作成されたものである。

(1) 慶応ビジネス・スクール版（KBS）インバスケット・テスト

この慶応ビジネス・スクール版（KBS）インバスケット・テストは，日本におけるインバスケット技法開発の先駆的な研究である。この開発過程等については，関本・佐野・槇田（1977）に詳しく記されているが，以下にその概略を述べる。

このインバスケット・テスト作成にあたって，もっとも危惧されたことは，インバスケット・テストが日本の管理者の実情にあうものであるかという点であった。

インバスケット・テストで要求されているような分析能力，意思決定能力を，日本の管理者は要求されているであろうかという問題である。また，書簡，報告書，メモ等の形で問題が提起され，それに対する意思決定を迫られる場面が，日常的に出現するのであろうかという疑問ももたれた。しかし，これから先に起こりうる変化を考える時，「このインバスケット・テストにおいて描いた管理者の像が当然の姿となり，また必要とされる」という考えに立って，このインバスケット・テストの作成・開発研究が行われた。

まず，「状況の設定」にあたっては，つぎのようなことが留意された。

1. 一般に使用可能なインバスケット・テストであること：このインバスケット・テストは，特定の企業用ではなく，広く一般的に使用できるように構成された。一応「富士ビール株式会社」という架空の会社の事業所長の役割を演ずるような状況が設定されたが，テスト問題の作成にあたっては，ビール会社の実情を詳しく知らなければ意思決定できないといったものではなく，一般の企業の人であれば誰にでも適用できる問題がそろえられた。
2. ゼネラリストとしての意思決定を要求される管理者の役割を設定すること：問題作成の過程において日本の管理者はあまりゼネラリスト的な意思決定が要求されていないという点が，1つの懸案となった。本来，課長レベルの管理者であれば，当然ゼネラリスト的な意思決定をし

ていかなければならないはずであるが，現実には必ずしもそうではなかった。そこで，どうしても事業所長レベルまで，職階をあげなければならなかった。

3．あまり複雑ではない初歩的なテスト問題を作成すること：前述のように日本の管理者はゼネラリスト的な意思決定にあまり慣れていないので，初めから問題を複雑にしては無理と考え，ごく初歩的なテスト問題が作成された。

4．教育・訓練と評価・選抜のいずれにも使用できること：教育・訓練，評価・選抜のいずれにも使用できるようなものをねらう。

5．テスト問題は，日本の企業において，管理者が日常遭遇する問題にできるだけ近づけること

以上のような状況設定を念頭に，テスト作成が行われた。

「背景情報」の設定

〈あなたのおかれている状況〉

詳細は省略するが，要点は以下のとおり。

1．あなたは富士ビール株式会社関東事業所の新任事業所長岡本昌夫です。
2．現時点は，7月4日（火）午後1時15分です。
3．あなたは，いまから1時間30分後に，6日間の予定で出張に出発しなければなりません。会社に帰って来るのは7月10日（月）です。
4．あなたは，出発前に，インバスケット内の未処理書類をできるだけ処理していこうと考えています。

〈会社，組織および職務等に関する情報〉

内容は省略するが，要点は以下のとおり。

会社の概要：
1．富士ビール株式会社の概要
2．関東事業所の概要

関東事業所の組織，職務概要等：
1．関東事業所組織図
2．事業所長および各課（長）の職務概要
3．その他の情報

「テスト問題」

業務報告書，メモ，書簡等をまじえて全部で25の問題が作成された。これらの問題は，会社の運営に及ぼす影響度，他人および会社に及ぼす影響度，時間的制約度，追加情報の必要度，問題処理の困難度等において，いろいろと程度の異なる問題からなっている。その表題は表5-1に掲げるとおりである。

〈アクション・レポートの記入〉

アクション・レポートのサンプルを表5-2に示す。

記入のためのインストラクションは以下のとおり。

　あなたは，インバスケット内の未処理事項の各々に対し，あなたが適切と考えるなんらかの意思決定アクションをとるはずです。あなたが，意思決定し，あるいはアクションをとったすべての事柄とその理由を，なるべく具体的に要領よく，アクション・レポートに記入してください。その際，添付のカレンダーを参照しながら，アクションの日程計画について考えてください。

　あなた自身がどういうことをするのか。どんな計画を立て，どんな書類を作成し，どんな手紙やメモを書くか。また，上司や部下や他の人々に対し，どんなことを指示し，あるいは言おうと思っているか。もし，会議を招集するなら，その会議の企画や議題についても書いてください。また，それにむける時間も同時に記入してください。もし電話をかけるなら電話で話す要点を書いてください（ただし，相手からその場で返事が返ってくることを仮定してはいけません）。

表5-1　KBS インバスケット・テスト問題
（インバスケット内の未処理書類）

〔問　題〕	〔日付〕
1. 大株主からの株主対策に関する問合せ	6月30日
2. 秘書係沢田氏からの早退連絡メモ	7月 4日
3. 倉庫無人パレタイザー購入検討要請	6月23日
4. 製造課長の自宅訪問に関するメモ	7月 3日
5. 毎朝新聞の取材訪問についての電話メモ	7月 4日
6. 製品係長遠藤氏からの相談依頼メモ	7月 3日
7. 販売課長佐藤氏からの面談要請	7月 3日
8. 事業所長会議の通知	6月26日
9. 緊急増産にともなう時間外労働の問題	6月27日
10. 課長会からのゴルフへの招待メモ	7月 4日
11. 機械課長金子氏からの相談要請	6月26日
12. 事業所の販売基本方針について	7月 3日
13. 経費限度額についての検討要請	6月27日
14. 醸造係長秋山氏からの退職希望書簡	6月26日
15. 慰安旅行についてのメモ	7月 4日
16. 本社営業部長からの特約代理店に関する問合せ	6月24日
17. 経理係長山田氏からの予算案提出遅延の説明	6月26日
18. 製造課長田中氏からの操業度低下に対する訴え	7月 4日
19. 相模原工業高校からの寄附依頼	6月27日
20. 修繕工応援依頼	6月27日
21. 公害問題公聴会開催の通知	7月 1日
22. 総務課長林氏からのメモ	7月 4日
23. 組合からの異議申入れ	6月30日
24. 細田商店対策	6月27日
25. 新入社員無届欠勤の問題	7月 4日

表5-2　KBS版のアクション・レポートのサンプル

インバスケット内の未処理事項	あなたのとった意思決定およびアクション	左欄のような意思決定やアクションをとった理由
5. 毎朝新聞の取材訪問についての電話メモ		
6. 製品係長遠藤氏からの相談依頼メモ		

「評価基準」の設定

　"テスト"結果（被検査者の"テスト問題"への反応）の評価にむけて，つぎのような指針に従って，"評価基準"の設定が試みられた。

1. 反応の内容面の評価，反応のスタイル面の評価，総括的・主観的評価の3種の評価方法を考案する。
2. 反応スタイルを評価するカテゴリーの設定にあたっては，つぎのような点に留意する。

①KBS インバスケット・テストに適したスタイル・カテゴリーを設定する。

②日本の管理者の反応スタイルをよく映しだすようなカテゴリーを設定する。

③有能な管理者（管理職候補者をふくむ）と無能な管理者をよく弁別できるようなカテゴリーを設定する。

④なるべくアメリカの他の研究との比較もできるようなカテゴリーを設定する。

⑤カテゴリーの数は，最小限にとどめるようにする。

3．評価が容易であり，かつ信頼性と妥当性が高くなるような評価方法を考案する。

反応の内容面の評価基準を作成するにあたっては，①予備調査の段階で収集されたデータ（約100名のデータ）を参考に，優秀といわれている人が示した意思決定やアクションと，そうでない人の示した意思決定やアクションが別々にリストされ，また，②インバスケット・テスト作成者と2人の管理者（うち1人は，このインバスケット・テストを取材したビール会社の管理職）とで，各テスト問題に対して"どのような意思決定やアクションをとったら理想的か"，また"どのような意思決定やアクションはとってはいけないか"を討議し，良いと思われる意思決定やアクションが列記された。ついで，③前述の①と②であげられた意思決定およびアクションを，上記の3人の討議によって，その内容の適否の程度に応じ，＋2，＋1，0，－1，－2の5段階に評価した。この反応サンプルが，各被検査者の反応内容評価の基準として使用された。

このほか，被検査者が，あらかじめ用意された意思決定やアクションとかなり異質の，ユニークで独創的な意思決定やアクションを示した時は，"ユニークなアクション"として採点された。

反応スタイルの評価カテゴリーについては，上述の指針にそって最初のカテゴリーが設定された。予備調査で収集されたデータをこのカテゴリーに従って分類した結果，①この"インバスケット・テスト"への反応にはなかなか現れてこない反応カテゴリー，②他のカテゴリーと重複したり，あるいは他のカテゴリーと一緒にしたほうがよいと思われる反応カテゴリー，③定義が明確にくだしえず，したがって，評価がむずかしい反応カテゴリー，などがあることが明らかとなり，これが整理され，29のカテゴリーが最終的に設定された。

この評価カテゴリーは，表5-3に掲げるとおりである（1.～29.のカテゴリー）。各カテゴリーの詳細は省略するが，スコアリング・シートには，このほか，反応の内容面を採点する"内容面の評価"と"ユニークなアクション"の欄が設けられた。また，各テスト問題に対する"緊急度の評価"と"重要度の評価"および，"問題処理の順番"が加えられた。

さらに，この"インバスケット・テスト"では，反応の内容面の評価とスタイル面の評価に加えて，総括的・主観的評価（5段階評価）も行われた。これは，インバスケット・テストに対する被検査者の全般的反応を観察し，その概括的印象にもとづいて被検査者のテスト結果の良し悪しを採点するやり方である。その際，全テスト問題に対するアクションの記述要領が，表現の組織度（表現の論理性や明快さ），表現のスタイル（表現の流暢さや平易さ），語法（誤字や文法や文章構成）といった観点から評価され，被検査者の文章表現力が検討された。

表5-3 KBS版の評価カテゴリー（スコアリング・シート）

反応評価カテゴリー		テスト問題（未処理事項）	1	2	3	4	5	
生産性		1. 処理した問題数 2. とられたアクション及び出されたアイディアの数						
作業日程の組織化		3. 当日及び翌日の日程計画への組み込み 4. 同じ週及び翌週の日程計画への組み込み 5. 一般的な日程計画 6. 無期限の日程計画						
管理行動	アクションのタイプ	7. 意思決定の延期及び保留 8. アクションの始動 9. 最終的アクション						
	アクションの取扱い	10. 完全な権限委譲 11. 部分的なコントロールを残した権限委譲 12. 部下への明細な指示・命令 13. 部下への大まかな指示・命令 14. 他人を関与させない問題処理						
意思決定の過程		15. 他の未処理事項や背景情報との関連づけ 16. 先入判断の導入 17. 意思決定のための情報収集 18. 上司や部外者からの助言や情報収集 19. 部下からの助言や情報収集 20. 上司や部下との討議や意見交換 21. 上司，部下，部外者のリードに従う						
管理上のコントロールとアクションの説明		22. 計画実行後の情報収集とフィードバック 23. 上司へのアクションの説明 24. 部下へのアクションの説明						
社会的感受性		25. 部下に対する気安さ・丁寧さ 　　（＋，±，－） 26. 社会的感受性（＋，±，－）						
コミュニケーション・スタイル		27. 対面的コミュニケーションの利用 28. 電話によるコミュニケーションの利用 29. 文書によるコミュニケーションの利用						
その他		30. ユニークなアクション 31. 問題処理の順番 32. 緊急度の評価（A, B, C, D, E） 33. 重要度の評価（A, B, C, D, E） 34. 反応の内容面の評価 　　（＋2, ＋1, 0, －1, －2） 35. 反応の内容面の評価（＋1, 0, －1）						

「KBS インバスケット・テスト」の有効性の検討

　この KBS インバスケット・テストの妥当性を検討する前段階として，設定した評価方法の有効性の検討が行われた。A 社（化学メーカー）の次長 24 名と B 社（自動車販売会社）の課長代理 83 名のデータをもとに，反応スタイル面の評価および反応内容面の評価，それぞれについての分析が行われた。

　その結果は，反応内容面の評価は，5 段階評価・3 段階評価ともに，1％レベルの有意差をもって A 社の次長クラスの方が優れており，また，B 社の課長代理クラスのなかでも，業績評価の高いグループほど高いスコアを示していた。つぎに，反応スタイル面の評価では，全般的な傾向として，次長クラスは課長代理クラスにくらべて，また業績の上位群は下位群にくらべて，より多くの問題を処理し，アクションやアイディアを生みだし，"アクションの始動""部分的権限委譲""部下への指示・命令"が多くなっており，また，意思決定に際して，"情報の関連づけ""意思決定のための情報収集""上司や部下との討議や意見交換"の反応が多いこと，などが明らかになった。

　以上のことから，この評価方法が KBS インバスケット・テストの反応の評価にかなり有効に活用できるということが明らかになり，この評価方法にもとづいて以後のデータ収集が行われた。

　その後行われた一連の研究から，つぎのようなことが明らかとなった。

1．職位の高い集団ほどインバスケット・テストの平均値が高い。
2．管理職としての経験年数はあまり得点に影響しない。
3．管理技能のポテンシャルの高い人は，職位の低い段階においても高い得点をとる。
4．インバスケット・テストによって，人事評価上位群の人をある程度まで選別できる。
5．インバスケット・テストと MAT（管理者適性検査）とは，管理能力のそれぞれ違った次元を測定している。

(2) マネジメント・サービス・センター版インバスケット

　マネジメント・サービス・センター（MSC）方式は，アメリカ電信電話会社（AT&T）におけるアセスメント・センター方式をもとに，わが国企業の風土にあわせるべく，開発が進められてきたものである。

　この MSC 方式によるアセスメントは，採用・配置・昇進・昇格・教育訓練・自己啓発など，人材開発の諸領域で活用・展開されている。これらは，大別して 2 つの展開――選抜目的の S（Selection）型展開と，教育・能力開発目的の D（Development）型展開――がある。また，S 型展開の応用型として，現職への適性を見る診断目的の I（Inventory）型展開も試みられている。

1．選抜目的（Selection）：S 型展開
　　参加者の将来における目標職務（Target job）への昇進可能性を発見するためのアセスメント。
2．教育・能力開発目的（Development）：D 型展開

アセスメントの各種演習を体験することが参加者のマネジメント訓練となる，との考えにもとづいたものである。また，参加者同士のアセスメントによる相互啓発効果も期待されている。

3．診断目的（Inventory）：Ｉ型展開

本来，アセスメントは，上位の職位の適性診断であるが，人事考課とは異なる角度から現職に対する適性診断が求められることもある。そこで，アセスメントの応用としてのＩ型展開も行わ

表5-4　MSC方式による管理能力アセスメントの次元

1. 対面影響力（インパクト）	15. 要点把握力
2. バイタリティ	16. 柔軟性
3. 口頭発表力（対話力）	17. 執着性
4. 発表力（スピーチ）	18. リスク・テーキング
5. 文章表現力	19. イニシアティブ（積極性）
6. 創造力	20. 自主独立性
7. ストレス耐性	21. 計画・組織力
8. 関心の度合い（知的好奇心）	22. 統制力
9. 自己動機づけ	（マネジメント・コントロール）
10. 職務遂行意欲	23. 権限委譲（人材の活用）
11. 昇進意欲	24. 問題分析力
12. リーダーシップ	25. 判断力
13. 説得力（セールスマンシップ）	26. 決断力
14. 感受性	

表5-5　アセッサー養成コース・ディメンション・マトリックス（MSC方式）

		対人能力				コミュニケーション能力				業務処理能力					個人特性			
		A1 リーダーシップ	A2 感受性	A3 説得力	A4 柔軟性	B1 要点把握力	B2 口頭表現力	B3 発表力	B4 文章表現力	C1 計画組織力	C2 マネジメント・コントロール	C3 問題分析力	C4 判断力	C5 決断力	D1 対面影響力	D2 バイタリティ	D3 ストレス耐性	D4 自主独立性
個人作業	IB（インバスケット）		○		○	○			○	○	○	○	○	○			△	○
	AP（分析・発表）		○	○	○	○	△	○	○	○	○	○	○	○	○	○	○	○
面接作業	IS（面接演習）	△	○	○	○	○	○			△	△	△	○	○	○	○	○	○
集団作業	GDA 役割あり（グループ討論：監督者委員会）	○	○	○	○	○	○		△	△	△	○	○	○	○	○	○	○
	GDN 役割なし（グループ討論：管理問題）	○	○	○	○	○	○		△	○	△	○	○	○	○	○	○	○
	BI（背景面接）	△	△	△	△	○				△	△				○	○	○	○

れている。これらの管理能力のアセスメントの次元は，表5-4に示す26項目であるが，実際のアセスメントで用いられる次元は，10〜20の範囲が通例である。表5-5は，17次元を用いた例である。

MSC方式は，
 1．インバスケット演習（In-Basket）
 2．分析・発表（Analysis and Presentation）
 3．事実発見・意思決定演習（Fact Finding and Decision Making）
 4．文章作成演習（Writing Exercise）
 5．面接演習（Interview Simulation）
 6．グループ討論〈役割あり〉（Group Discussion-Assigned Role）
 7．グループ討論〈役割なし〉（Group Discussion-Non Assigned Role）
 8．マネジメント・ゲーム（Management Game）
 9．背景面接（Background Interview）
から構成されている。

インバスケット演習は，20数個の案件から構成され，表5-5の，感受性，柔軟性，要点把握力，文章表現力，計画組織力，マネジメント・コントロール，問題分析力，決断力，そして，処理状況観察によるストレス耐性，自主独立性のアセスメントの次元が評価される。

(3) リクルート版インバスケット

㈱リクルートのアセスメント・プログラムである「A&Dプログラム」のなかにもインバスケット技法が組みこまれている。この「A&Dプログラム」は，Assessment（評価）とDevelopment（育成）を同時に行おうと意図したものである。ただし，このプログラムを導入している会社での運用のされ方は，評価よりも育成のほうに重点がおかれる場合が多い。

A&Dプログラムは，適性検査による素質レベル能力の評価と，行動観察によるスキルレベル能力の評価という2系統の評価方法が用いられている。

適性検査には，管理者適性検査（Managerial Aptitude Test：MAT）が用いられている。

スキルレベルの評価には，インバスケットと系統的な行動観察が併用されている。このスキルレベルについては，課題解決能力，対人関係能力，実行力の3領域にわたって，表5-6のような14の評価項目（次元）を用いて評価がなされている。この行動観察を通じて管理者のスキル・レベルの能力水準を限られた時間内で引きだすために，つぎのような演習課題が行われる。

 1．ブロック・ゲーム
 2．LGD（リーダーレス・グループ・ディスカッション）
 3．LGD・役割つき
 4．インバスケット個人処理
 5．インバスケット討論

6．インシデントプロセス
7．LDP（リーダーシップ開発プログラム）

表5-6　A&Dプログラムによる管理能力アセスメントの次元

課題解決能力	
1．分析力	7．他者理解力
2．情報収集力	8．説得力
3．計画力	9．状況理解力
4．判断力	10．統率力
対人関係能力	実　行　力
5．自己理解力	11．積極性
6．ストレス耐性	12．決断力
	13．バイタリティ
	14．持続力

インバスケット演習では，17〜20の未処理案件を，その管理者の立場に立って処理する課題が与えられる。時間的制約のもとで，案件の重要度，緊急度によって，優先順位づけをしながら，妥当な処理をすることが求められる。個人処理結果は，課題解決能力の領域の4つの評価項目を用いて，評価される。

このインバスケットは，A&Dプログラムの参加者に応じて，数種類のものが用意されている。たとえば，"第一事務機販売　沼田課長のインバスケット"では，前任者の突然の病気休職のあとをうけて，出向中の関連会社の営業課長から，別の地域の支店営業課長へ就任するといった状況が設定される。そのなかで，顧客からの式典招待状・要請・クレーム，人事書類，社内の通達や伝票類，所内のトラブル等の処理を行う。

インバスケット個人処理にひき続いて，"参加者報告書"の記入が行われる。参加者が自分の処理をふり返って，処理方法の特徴・結果の妥当性などを自己評価するものである。インバスケットの処理結果は，"評価基準書"にもとづいて採点評価されるが，この際"参加者報告書"の内容も評価に加味される。

リクルート版インバスケットは，現在では，㈱リクルートマネジメントソリューションズが取り扱っているR&C（レビュー＆チャレンジ研修）Ⅰ，R&CⅡのプログラムのなかに組みこまれているようだが，内容は未公開のため不明である。

(4)　慶応産研版インバスケット・ゲーム——ある百貨店のインバスケット・ゲーム

このインバスケット・ゲームは，慶応義塾大学産業研究所社会心理学研究班がある百貨店の人事部と協同で開発したものである。開発にあたっては，教育・研修に用いることを主たる目的とした。さらに，担当部長への選抜にも使用するふくみももって作成された。このような理由から，設定された状況はその百貨店の担当部長の役割である。

インバスケット・ゲーム作成のねらい

このインバスケット・ゲームを作成・実施した企業は，わが国の代表的百貨店である。当百貨店は，従来より多面評価法の導入，心理学的職務分析の実施を行うなど，能力開発に積極的にとりくんできた。

インバスケット・ゲーム実施時の各店の概略組織および構成員の職位体系は，図5-1，図5-2

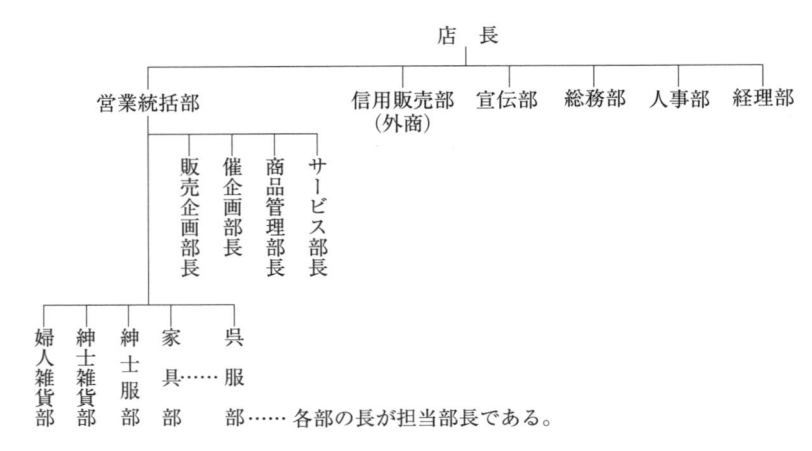

```
                            店　　長
    ┌──────────┬─────────┬─────┬─────┬─────┬─────┐
  営業統括部              信用販売部  宣伝部  総務部  人事部  経理部
    │                     (外商)
    ├──サービス部長
    ├──商品管理部長
    ├──催企画部長
    └──販売企画部長
          ├──婦人雑貨部
          ├──紳士雑貨部
          ├──紳士服部
          ├──家具……部
          └──呉服部……　各部の長が担当部長である。
```

図5-1　○○百貨店・店組織

店　　長		専門店長
店次長		専門店次長
部　　長		専門部長
担当部長		専門担当部長
3級職	管理職掌	専門職掌	3級職
1級職			1級職
4級職	一般職掌	特別職掌	4級職
3級職			3級職
2級職			2級職
1級職			1級職

注）担当部長がいわゆる課長，管理職掌1級職と3級職がいわゆる係長に該当する。

図5-2　○○百貨店・職位

に示したとおりである。

インバスケット・ゲームの開発にあたっては，営業部門中堅管理職である管理職掌3級職（管3）の教育研修に使用し（第1目的），さらに，もし可能であるならば，管3から担当部長への選抜にもこれを使用すること（第2目的）をそのねらいとした。

状況の設定

このインバスケット・ゲームは，まず教育研修の道具として使用することを第1目的としたので，当百貨店をモデルとした状況を設定した。また，管3から担当部長への選抜にも使用したいという第2目的の意図から，被検査者には担当部長の役割を担わせるよう設定した。具体的には，組織の規模，社内ランクなどからみて，当百貨店の売り場のなかで平均的な婦人雑貨部の担当部長という設定である。

「背景に関する情報」の作成

研修の受講者に対し，インバスケット・ゲームそのもの，および実施手順を説明した"このゲームについて"をはじめ，つぎの資料を作成し，実際のゲーム実施時に配布した。

0．このゲームについて
1．あなたのおかれている状況
2．会社，店ならびに担当部内組織図
3．担当部週間管理誌
4．今下期，来上期の目標メモ

すでに図5-1に示した組織図の一部，および，うえの3.，4.を除き，資料は第Ⅳ部「事例編」に一括して掲載する。

「ゲーム問題（インバスケット内の未処理書類）」の作成

問題の作成にあたっては，担当部長の日常業務を分析することから始めた。つまり，10数名の現職担当部長に，業務上実際に生起し，処理を行った事例について，"事実・処置・結果と評価"の3項目に分けて，所定用紙に記入し，提出してもらった。さらに，本部・人事部のインバスケット・ゲーム担当者が，各担当部長に面接し，事例の詳細について説明をうけた。これらをもとに，各事例内容についての質的分析を行い，担当部長の仕事の要素をグルーピングし，分類した。また，取材した事例では欠けていたが，本部・人事部として教育・訓練に必要であると思われる要素を追加して完成したのが，次の20項目のカテゴリーである。

1．計画の統制
　①販売計画の修正
　②仕入計画の修正
　③販売計画のチェック
　④費用計画の修正
　⑤要員計画の変更
2．部下の調整
　⑥部下間のトラブル調整
　⑦配転申し出の調整（長期休暇申し出）
　⑧意見具申，提案の調整
　⑨不正を働いた従業員の処理（就業規則に違反する行為）
　⑩部下のスカウト問題の処理
　⑪昇進についての調整（昇進に関する部下の不満の処理）
　⑫目標管理の中間指導
3．上司との調整（上司からのプレッシャー）
　⑬（中間）報告

⑭意見具申
4．コミュニティ調整
　⑮顧客の苦情
　⑯法規制への対応
　⑰地域社会への対応
　⑱コンシューマリズムへの対応
5．組合調整
　⑲部下の組合活動への対応
6．他部門調整
　⑳スタッフ（催企画，人事部）との関係

これらの事項を最大限にもりこむように事例の取捨選択をし，採用された事例でインバスケット・ゲームの問題を構成していった。

なお，問題に登場する部下の人物は，つぎのように設定された。インバスケット・ゲーム問題のなかにおいて，部下たちは設定にそった行動をとるので，被検査者のほうは，ゲーム問題から人物像を把握したうえで，パフォーマンスのあがる管理行動をとらなければならないわけである。

加納　竜一（管3）
　代行次長。昇格後半年経過。事務的能力は高いが，マイルドでおとなしく，決断力に欠ける。リーダーシップ不足，優柔不断で頼りない。
　　pM 型[*1]　35 歳（大卒）　〈diff.〉[*2] ±〜＋　〈性格類型〉[*3]　E（n）

竹内　道夫（管1）
　化粧品，化粧雑貨，ハンカチ次長。古手，TS 的にはベテラン，惰性で仕事をする。HS に欠ける。とくに若手に対する偏見と反感から，不満居士。
　　pm 型　40 歳（高卒）　〈diff.〉　±〜　〈性格類型〉Seg

仲　　弘次（管1）
　ハンドバッグ次長。管3候補，高卒の優等生タイプ，体を張って頑張る。
　　Pm 型　35 歳（高卒）　〈diff.〉　±〜＋　〈性格類型〉Eh

浜田　仁作（専3）
　婦人くつ次長。くつの超ベテラン，商売の面ではやり手だが，全般的な判断力に欠け，自分勝手な行動が多い。一匹狼的。
　　Pm 型　45 歳（高卒）　〈diff.〉　±〜　〈性格類型〉EH

増沢　　智（管1）
　セーター・ブラウス次長。若手の有能管理者，積極的で行動的。全体的にバランスのとれた人，現在のところ問題なし。

[*1] PM 式リーダーシップ論の詳細については，三隅（1978）を参照のこと。
[*2] diff. については，第Ⅰ部第1章を参照のこと。
[*3] 性格類型については，第Ⅰ部第1章を参照のこと。

PM 型　29 歳（大卒）〈diff.〉＋〜（＋＋）〈性格類型〉Ezh

矢村　しの（管 1）

　　婦人肌着，ナイトウェア次長。女性の優秀管理者，元労働組合役員経歴。商売熱心のあまり視野の狭い判断をすることあり。

Pm 型　45 歳（高卒）〈diff.〉±〜＋　〈性格類型〉Eh

和田伊都夫（管 1）

　　かさ，婦人用品，くつ下，アクセサリー次長。可もなく不可もなし，平均的第一線（ボトム）監督者。

pm 型　33 歳（高卒）〈diff.〉±〜　〈性格類型〉Eh

岡　　靖（管 3）

　　サロン・ド・グウ次長。センスもあり，きちんとできる人。地道にこつこつ積みあげるタイプ。あまり目立たない存在。

37 歳（高卒）〈diff.〉〜＋　〈性格類型〉E

斉藤いずみ（3 級職）

　　部事務係。よく気がつく秘書係，優秀女子社員。代行次長の頼りなさを見抜いている。

25 歳（短大卒）〈diff.〉（±）〜＋　〈性格類型〉Eh

根本　弘一（4 級職）

　　ハンドバッグ売場。意欲あり，意識的にもしっかりしている。理論派，正義感が強い。

26 歳（大卒）〈diff.〉＋　〈性格類型〉Eh

出口けい子（2 級職）

　　ハンカチ売場。

22 歳（高卒）〈diff.〉±　〈性格類型〉En

　また，各問題は，緊急度や重要度の違いによってバラエティがでるように構成されている。さらに，相互に密接に関連した事項が，いくつかに分散されて，このインバスケット・ゲームの問題に編成されているものもある（具体的には，ケース 7 と 18 と 25，10 と 15，17 と 26 といった関連問題）。各問題からこの重要な課題の関連を察知しなければ，問題の十分な理解ができず，適切な対応および管理行動はとれない。

　なお，ゲーム演習の実施時には，各問題の書類などはすべて当百貨店の様式に従い，手紙も実際に封筒に入れるなどして，被検査者に現実感をもたせ，状況に対し自己投入させる工夫がなされた。

　作成した問題数は 26 である。問題については，第Ⅳ部「資料編」，および表 5-7，表 5-8 のトレーニング・ポイントを参照願いたい。

「採点手引書」の作成

　このインバスケット・ゲームで採用された評価方法は，反応の内容面からのアプローチであり，かつ，その評価にさいして評価者の主観的判断が介在する内容分析である。

　まず，各問題において，とらなければならない適切な管理行動，あるいは不適切な管理行動は何

表5-7 KBS版のトレーニング

ケース内容	適切な決定	代案の検討・採用	補足指示
1. 生活科学センター懇談会出席依頼の件	◎武藤帯同し，増沢出席の指示 ○増沢出席の指示 △加納出席の指示 ×4級職単独出席の指示 ×他品番管理職出席の指示（指示先の間違い）	○出席者都合悪い場合の代理（4級職と管理職の随伴）指定 ○出席者都合悪い場合の代理（加納，他の管理職）指定 ×4級職単独代理出席の指示	○消費科学研究所，コンサルタント，商品管理部長，サービス部長らとの事前打ち合わせ指示 ○（関係部門）同行要請指示 ○品質表示法研究指示 ○売場の実情調査指示 （2つ以上あれば◎）
2. 外商集金応援の件	○（加納）決定の特定品番または次長単位に人員差出し要請指示 ○可能なかぎり応援するように ×単純な加納一任 ×応援者指名，一方的減員	○人事部に減員交渉をすること ×日時変更の交渉	○催，部内機動応援の指示 ○催に取引先応援投入，集金に従業員を差出すように ○催要員として他部門の女性の応援を要請
3. 袋物，根本弘一書状の件	◎後日話を聞く旨，根本に伝える ◎根本，職務分担，両面の手を打っている（考えるだけでは○） ○帰社後，仲と話し合い ○単純保留，無視（仲の誤解を招く行為が付随している場合は×） ×仲への指示，手紙をさとられる行為		
4. 目玉商品好適品仕入申請	○Yes, No即断せず（条件の有無不問），営業統括部または営業本部の指示を仰ぐ ×Yes, Noを前提とした指示	○他店との共同仕入考慮を示唆 ○回答期限延期交渉の指示 ○条件変更での再交渉指示 （2つあれば◎）	○営業統括部，営業本部への持ち込みに必要な資料を整える ・在高（チェック，部内のやりくり） ・現情勢下でのリスクの詰め ・販売計画　　　・倉庫 ・原価商品扱い
5. 陳列器材購入の件	○後日検討（単純保留） ×Yes, No決定 ×加納一任		◎当面の措置（データ準備） ・員数・売上げ・仕事分担 ・レイアウト　　・見積り ○データ準備のみの指示 ×決定を前提としたもの
6. 新P.B.；旧オリジナル商品の件	○後日検討（単純保留） ○加納を通して，営業統括部に相談 ○再検討支持 ○営業本部の意向を聞く。指導を得る △加納一任	○新商品発注減の交渉 ○旧商品を他店で販売してもらうことの交渉	○旧商品販売計画・消化方法の検討 ○商品内容のチェック（プロパー，催） ○旧商品処分で取引先に迷惑をかけないように

ポイント（分野別）

部下への配慮（組織維持メインテナンス）	情報収集のための行動	関連部門への連絡・情報提供	事後報告の要求	スケジュール化	他ケースとの関連
○部下（4級職）帯同 ○代理出席（ただし増沢への思いやりがうかがわれる場合のみ）	○関連部門と事前打ち合わせ ○品質表示法研究 ○売場実情調査	○営業統括部への出席者名連絡 ○営業統括部への懇談会結果の報告 ○生活科学センターへの出席者名連絡 　（事前・事後連絡あれば◎）	○結果の報告		
○「この程度のことは代行次長の責任で…」という叱咤激励をする ○「部長が言えといっている」といった後押しがある ×自分で決定している場合			○処置の報告		
○根本の問題として把握 ○後日，根本に対してフォロー ○根本と会う ×いきなり仲と根本を一緒にして話を聞く	○本人および関係者に会い，情報収集 ○懇談会を開催し，情報収集 ○職務分担に関する資料・情報収集			○スケジュール化	
	○営業統括部，営業本部に持ち込めるような資料，情報の収集		○結末報告		
○後日検討する旨の仲への通知 ○売場の士気を配慮 （早く解決しよう）	○帰社後，関係者との検討・資料準備			○スケジュール化	○23（持回り車）とのバランス
○帰店後相談にのる旨，矢村宛通知	○矢村からデータ・計画の詳細聴取 （話をきく，というだけでは不可）	○営業本部との連絡・相談		○スケジュール化 （矢村との打ち合わせ）	

ケース内容	適切な決定	代案の検討・採用	補足指示
7. 中国製婦人パジャマ流通情報	◎ケース25の直接関連情報として扱う ○「O.K.」，「報告ありがとう」，「関連部門への報告」など何らかの反応がある場合 △無視 ×こんなものは報告不要と判断		
9. 傘売場取引先倒産？	○倒産か否か詳細調査指示 ○経理部，営業統括部に相談・緊急手配のこと（両方指示すれば◎） △増沢への指示（加納経由であれば○）		○在庫，売掛残，支払残の調査 ○倒産でないことが判明するまで仕入停止 ○はっきりするまで，関係先以外極秘 ○倒産処分品を探せ
10. 出口けい子からの書状	◎後日処理する旨，出口に通知 ○加納一任（対竹内配慮付きのみ） ○保留（対竹内配慮なければ×） ×無条件加納一任 ×竹内に知らせる，留守中出勤させる		
11. 新聞，投書の件	◎サービス部長，新聞社と連絡をとりつつ苦情解決すると同時に，新聞社に対応するように ◎事実調査の上，営業統括部を通じて，新聞社に対応せよ ○すべてサービス部長の指示に従え ○営業統括部，サービス部長に相談せよ ×苦情解決先行（もみ消しととられる恐れあり）	○新聞社に事態解決のための時間的余裕を要請することの指示 ×新聞社に対するもみ消し交渉	○事実調査指示 ○紛失品追跡指示 ○個人的判断による行動を戒める
13. 商品成績検討会の件	○次長帯同出席するための資料作成指示 △1次長のみへの指示（総合△） △「出席する」だけ ×自分が出席しないような決定	○営業統括部へ期日延期の申し入れ指示	◎ポイント指示が的確で，行き届く ○資料作成ポイントの指示
14. B台割り当ての件	○加納の責任として決定することを一任 ○2/2～3分は至急決定させ2/9～10以降分は後日の部内会議で検討 ○2/2～3分のみ，とりあえず決めてやる △加納への単純一任（突き返し）		○実績・計画案など準備し，決定させる旨の指示 ○加納に決定させる場合のポイント指示 ○各次長の希望をまとめさせる

部下への配慮（組織維持メインテナンス）	情報収集のための行動	関連部門への連絡・情報提供	事後報告の要求	スケジュール化	他ケースとの関連
○情報提供に対するねぎらい	○その他の関連情報の収集指示	○通信販売部，営業統括部，営業本部など関係部門への連絡			○25（サイズ違い）との関連
	○倒産か否かの詳細調査（調査方法がユニークな場合は◎） ○在庫，売掛残，支払残の調査	○経理部，営業統括部への連絡 ○本部，各店および外商への情報提供	○出社後，状況報告		
◎本人に対する励まし ○本人宛に連絡 ○本人に会う ○竹内に言わぬようにする ○売場の動揺を大きくしないよう配慮 ×竹内に言う	○本人および関係者からの情報収集 ○保安調査状況の把握			○スケジュール化	
○苦情を起こさせないための今後の体制づくりへの配慮		○宣伝部に連絡	○出社後，結末報告		
	○帰社後，対策・検討会議招集 ○調査事項事前聴取			○スケジュール化（打ち合わせ）	
◎加納が一度失敗していることを踏まえての激励。プッシュしてやる ◎もう一度，加納にやらせてみて，あとをフォローする気持ちがみられる			○出社時，結果の報告	○検討のスケジュール化	

ケース内容	適切な決定	代案の検討・採用	補足指示
15. 千葉一子退職届け	○引き止め，説得に努力せよ ×捺印，回付，了承	○引き止め不能ならば，書類回付，処理のこと ○退社日の引き延ばし	○ケース10のレジ問題（モラール）と関連づけ考慮のこと ○とりあえず現況を人事部に連絡
16. 品番会開催案内の件	○欠席，参加，決定保留		○費用，参加者など慎重に取り扱う
18. 矢村次長労働組合講師の件	○出席可 ○出席不可・売上達成に努力せよ ×矢村，加納一任	○他に適当な候補者は？ ○組合への回答期限延期	◎留守中のことにつき，十分事前打ち合わせ，引き継ぎをしておくこと（サイズ違いの件に言及している場合は◎） ◎業績見通しに注意すること ○不可の場合，組合へのアプローチに言及 ○業務に支障なきように
19. 簡易包装苦情の件	○苦情解決と簡易包装の進め方再検討（同時着手） ○苦情を解決すること。簡易包装の進め方は，後日再検討すること ○苦情を解決せよ。簡易包装中止は不可		○届け先にうかがい会社方針・意図につき了解を求める（単にあやまるだけでは×） ○竹内の考え方について再考を促す ○簡易包装の進め方についての具体的示唆
25. 中国製パジャマ着荷時サイズの違い	○通信販売部への連絡と同時に〈あらゆるルート（他社，営業本部，他店，追注文など）を考えて〉代品（同品，代替品）を手当てせよ（〈 〉内があれば◎） △営業統括部と相談せよ（単純持込み）	○通信販売部と引き渡し期日延期を交渉せよ ○通信販売部と万一の場合の顧客対策を協議せよ（タイミング悪ければ×）	○代品は高くても買え ○同等もしくはそれ以上のものを手当てせよ ○とりあえず適合品のみ通信販売部へ引き渡せ ○余剰品の処理を検討のこと ○結果を出社時に報告せよ

第5章 日本のインバスケット技法　83

部下への配慮／組織維持メインテナンス	情報収集のための行動	関連部門への連絡・情報提供	事後報告の要求	スケジュール化	他ケースとの関連
○本人に会って言い分を聞く ○退職理由の再確認 ×単純回付，無視	○本人と面談，本音を知る ○保安調査状況の把握 ○出社後，竹内に事情聴取（長期対策）	○とりあえず，現況を人事部に連絡	○結果の報告		○8（打ち合わせ），10（出口）との関連（両方あれば◎）
○矢村に「ご苦労さん，頑張ってください」など一言，言い添える					○25（サイズ違い）との関連
○竹内に今までのやり方の反省，再検討を求める ○簡易包装の徹底についての教育（コンセンサスづくりを含む）	○竹内から事情聴取	○サービス部長に報告	○結末報告		
○とにかく，応急の処置をとること。処置の事後は担当部長が引き受ける（矢村への励まし）	○代品仕入ルートについての情報を集めよ（ルートの広がりあれば◎）	○営業統括部への経過・中間報告	○出社時，結果の報告		○7（流通情報）との関連

表5-8 KBS版のトレーニング

	TS		AS
	−	＋	−
全般			・状況判断を間違えた決定を行った場合 ・決断力欠如の責任逃れの決定を行った場合
1. 生活科学センター懇談会出席依頼の件		・補足指示において，消費科学研究所・消費生活コンサルタント・品質表示法などにまで言及している場合	・4級職の単独出席を指示した場合
2. 外商集金応援の件	・応援者として4級職を指定した場合 ・一方的に減員した場合（そういうことは許されない）	・催の方に，取引先派遣者を投入することによって浮いた社員を集金応援に出すといったテクニカルな配慮がなされている場合 ・適切な品番まで指定している場合	・集金応援に応ずる代わりに，アルバイトを要求した場合 ・一方的に減員した場合
3. 袋物，根本弘一書状の件			・根本書状を職務分担だけの問題として一面的にとらえた場合 ＊未着手，無視（以下，同様）
4. 目玉商品好適品仕入申請	・これだけの情報だけで無条件にYes, Noを決めてしまっている場合	・廃版ものファッション商品の危険性や在高・金利・倉庫などの事情について詳細な知識がうかがわれる場合	・これだけの情報だけで無条件にYes, Noを決めてしまっている場合 ＊
5. 陳列器材購入の件	・予算編成の時期・手順などに関して著しい誤認がある場合		・これだけの情報だけで単純にYes, Noどちらかに決めてしまった場合
6. 新P.B.；旧オリジナル商品の件		・旧オリジナル商品の消化方法・取り扱いに関して具体性と広がりのある補足指示がある場合	
7. 中国製婦人パジャマ流通情報		・競争店のプロパー価格のケア，関連部門への情報提供を指示している場合	

ポイント（スキル別）

AS		HS
＋	－	＋
・◎の決定を行っている場合（トレーニング・ポイント分野別参照）		
・消費者問題の重要性を明らかに意識したうえでの決定である場合 ・次長・4級職のペア出席で万全を期している場合		・4級職の帯同指示など部下への教育的配慮がうかがわれる場合
◎集金応援の重要性と催の重要性のバランスを考慮したうえでの決定である場合 ・代案（人事部との減員交渉など）の提案と代案不可の際の事後処置が明確である場合	・応援者を指名している場合 ・加納メモを無視した場合 ・単純な加納一任（差し戻し）	・この程度のことは，代行次長の責任で決めよという叱咤激励がうかがわれる場合 ・その他，加納に対する後押しの姿勢がある場合
◎根本の書状の意味（問題の所在・重要性）を正しく理解するとともに，副次的には職務分担明確化の問題があるという形で，両面からアプローチがなされている場合	・仲に根本書状の件を話したり，あるいは感づかせたりした場合	◎根本の問題として明確にとらえ，本人へのメモ回付，後刻本人との話し合いなどの配慮がなされている場合 ◎根本の問題として明確にとらえ，仲，その他直接の関係者に根本書状の内容を漏らさない配慮がなされている場合
		・仕入申請を拒否するにあたって，次長への回答のテクニックに，特に秀れた配慮が込められている場合
・人員体制・職務分担・売場レイアウトなどについて，行き届いた補足指示があり，かつケース23（持回り販売車）との関連で多面的にとらえられている場合 ・判断ポイントを押さえている		・決定保留の間における部下への動機づけ，アドバイスがある場合
		・部下育成の配慮（検討のアドバイス）と相談にのる姿勢の両面がある場合
・ケース25（サイズ違い）との関連に気づいて，正しい決定を行った場合		

	TS		AS
	−	＋	−
11. 新聞，投書の件		・新聞社の取り扱いを念頭においたうえでの順序正しい行動がとれている場合	・苦情解決先行 ・新聞社に対するもみ消し工作 ＊
15. 千葉一子退職届け			・単純に捺印・回付手続きなどの事務処理を行っている場合 ＊
18. 矢村次長労働組合講師の件	・単純に拒否した場合		
19. 簡易包装苦情の件			・簡易包装中止と決定した場合 ＊
25. 中国製パジャマ着荷時サイズの違い	・代品手配を行わない場合	・代品手配について，あらゆる情報を駆使して指示がなされている場合	＊

かという点に関して，まとめられた。このために，①予備調査として現職の担当部長に時間制限なしで実施したゲームの回答，②各問題に関連する部署および本部人事担当者の意見，③実施されたインバスケット・ゲーム研修の初期の頃の受講者の回答，の3点についてKJ法を用いた分類・整理が行われ，つぎのような9つのカテゴリーが抽出された。

1．適切な決定〔決定〕
2．代案の検討・採用〔代案〕
3．補足指示〔補足〕
4．部下への配慮（組織維持・メインテナンス）〔部下〕
5．情報収集のための行動〔情報〕
6．関連部門への連絡・情報提供〔関連〕
7．事後報告の要求〔報告〕
8．スケジュール化〔スケジュール〕
9．他ケースとの関連〔他ケース〕

これらの分野別カテゴリーに従って，各問題ごとにリストアップされた適切，不適切な反応（管理行動）を示したものが表5－7のトレーニングポイント（分野別）である。

さらに，各問題においてあらゆる管理行動がどのような考えのもとになされたか，また，どのような配慮によってその管理行動がとられたのかを，顕在的レベルの管理能力であるTS，AS，HSの観点からまとめたものが，表5－8のトレーニングポイント（スキル別）である。

AS	HS	
+	−	+
・新聞社の取り扱いを念頭においたうえでの順序正しい行動がとれている場合		
・千葉の退職願いの背景（ハンカチ売場不正事件）を読みとったうえでの取り扱いである場合	・単純に捺印・回付手続きなどの事務処理を行っている場合 ・帰店後処理 ＊	・退社引き止め，再度面談など，退社に対する一般的な配慮がなされている場合
・ケース25（パジャマサイズ違い）との関連で処理している場合	・単純に拒否した場合 ＊	
・簡易包装の意義を正しく理解し，今後の推進方法について，はっきりした意見をもったうえで，苦情処理・天掛包装推進の両面にわたり，具体的なアクションをとっている場合		・竹内次長の偏見をはっきり受けとめ，それを改めるための処置をとっている場合 ・簡易包装の推進・徹底について，販売員への訓練を指示した場合
・ケース7（流通情報）をうまく活用した手を打っている場合		

　これらは，同時に，このインバスケット・ゲームが主眼とする教育・訓練のポイントでもある。

　各問題の評価項目としては，前述の9つの分野別カテゴリー，およびTS・AS・HS，総合評価があげられ，さらに，コメントが付されている。コメント以外の各項目は−1〜+3の5段階評価である。このほかに，全問題採点後に，総合コメントがなされる。

　各評価項目の具体的採点基準は，おおむねつぎのとおりである。

　+3：優秀
　+2：合格答案
　+1：とにかくプラス方向のアクションを起こしている。普通の管3レベルならばこの程度の答案は書く。すなわち，この程度の管理行動はするし，この程度の管理能力はある
　+0：①内容がゼロのアクション。すなわち，アクションは起こしているが，管理行動としては，何もしないのと同じくらい意味がない場合
　　　②その問題が未着手，無視の場合（no-response）
　−1：①マイナスに作用するアクション・意思決定
　　　②"重要な問題"でno-responseの場合（どの問題が，"重要な問題"であるかは，あらかじめ定めてある）

　この一般的基準ならびにトレーニングポイント（分野別），同（スキル別）が，採点手引書となる。評価に際しては，この採点手引書をもとにして，各問題の状況における，良い，あるいは悪い管理行動とは何かという基準を評価者に理解してもらったうえで，被検査者があるアクションを起

こした時，その問題状況をどう把握し，どう考えたのか，逆にいうと，どのように考えたからそのアクションを起こしたのかを質的に判断し，その被検査者の管理能力を評価するという内容分析の手法が採用された。

換言するならば，ここで採用された評価方法は，アクションシートに現れた"管理行動"の評価をとおして"顕在的レベルの管理能力"を評価する方法であるといえる。

インバスケット・ゲーム研修の実施

当百貨店研修所において実施された研修は，1回につき15〜20名の集合研修であり，1回を1泊2日とし，8回にわたって行われた。研修の手順は，つぎに示すとおりである。
1．インバスケット・ゲームの実施
2．ゲームのなかに現れた婦人雑貨部の問題点と，それに対する対応策についてのグループディスカッション（1グループは5〜6名），および，そのまとめ
3．ディスカッションの結果についてのグループ別発表
4．このインバスケット・ゲームの設定状況においてとらなければならない管理行動とは何か，ということについての本部・人事部からの解説

なお，時間的制約などで，研修の際もその後も，受講者に対する個別のフィードバックはなされなかった。

各評価の説明

インバスケット・ゲームの演習を行った者は，約150名。これらの受講者は本ゲームの開発に際し，多方面からの評価を受けた。
1．本部人事評価（本部評価）
　担当部長としての管理能力，あるいは担当部長としての管理行動としてあげられるであろう業績の推測（guess）。
　本部人事評価は，各店人事評価，現場評価，多面観察，diff. など，すべての評価を総合したうえでの判断で，Ll・Lm・Lh・Ml・Mm・Mh・Hl・Hm・Hh [*4] の9段階に評価された。
2．各店人事評価（各店評価）
　管3としての業績評価，能力評価。各店人事担当者から本部人事が聴取。各店評価は，現場評価に各店人事担当者の判断を総合させたうえでの評価で，本部人事が各店人事担当者から聴取したものである。評価は1.と同様の9段階である。
3．現場評価
　所属部署での業績・能力の評価。各所属長などから，各店人事担当者が聴取したもので，1.と同様，9段階に評価されている。
4．各店人事再評価 TS（再評価 TS）

[*4] それぞれ，Low, Middle, High の略。

各店人事再評価 AS（再評価 AS）

各店人事再評価 HS（再評価 HS）

2. は総合評価であるので，これに加えて，TS，AS，HS それぞれの観点から，分析的に各店人事担当者に評価してもらった。

5．各店人事の本音

管3から担当部長に昇進させてよいかどうか，担当部長としての管理能力についての各店人事担当者の本音を聴取。

各店人事は，本部人事と各現場との中間に位置するため，立場上微妙なものがあり，各種評価にはある種の"政治的配慮"が加えられている場合がある。この"政治的配慮"を除いた本音を，本部のライン人事に漏らさないことを条件に，インバスケット・ゲームの担当者が，各店人事から聴取した。評価は，昇進不可（×群），部署によっては昇進可（△群），専門担当部長としてならば昇進可（○群），どの部署でも昇進可（同様に○群）という区分である。

6．多面観察 TS

多面観察 AS

多面観察 HS

多面観察総合

従来より実施されていた多面評価の評点をそのまま用いた。

およそ，2.5～6.5 の範囲内の評点をもっており，数値が高いほど評価が高い。

7．diff.

従来より実施されていた SCT による評価に修正を加えて使用した。

±・±～・±～+・～+・+・+～・+～♯・～♯・♯ の9段階評価である。

インバスケット・ゲームの選抜使用可能性の検討

このインバスケット・ゲームは，教育研修に用いることが第1目的であるが，長期的展望として，担当部長の選抜にもこれを使いたいというねらいもあったため，前項で説明したいくつかの「評価」を用いた項目分析などにより，選抜使用可能性の検討を行った。

検討はさまざまな角度から行われたが，ここではその1例として，インバスケット・ゲーム26問の合計得点（IB 得点）と各店人事の本音スコアとの関係について紹介する。

各店人事の本音スコア（○群，△群，×群）と IB 得点との関係を検討するため，各群の平均値をもとめ，各群間の平均値の差の検定（t-検定）を行った。その結果，昇進可能と評価された両群（○群と△群）の得点状況は非常に似ており，かつ，平均値にも差が見られない。しかし，○・△群と×群との間には，平均値に1％レベルで有意な差があることが明らかになった。

このことから，このインバスケット・ゲームは各店人事の本音で昇進可能と評価された被検査者（○群と△群）と昇進困難と評価された被検査者（×群）との間では，大きな得点差がでるが，昇進可能と評価された被検査者のなかで，○群と△群では，得点に差がでないゲームであることが明らかになった。

要約すると，つぎのようにとりまとめることができる。

1. 慶応産研版インバスケット・ゲームは統計学的には有意差の出るゲームであるが，実際の選抜手段として供給した場合を考えると，的中率が低すぎる。たとえば，本部人事で担当部長昇進可能と考えられている者（本部評価でMm以上の者，76名）にほぼ対応するIB得点8点以上の者（78名）を昇進させた場合，本部評価では昇進該当者でありながら昇進できないものが27名，昇進非該当者でありながら昇進する者が25名にもなってしまう。本部評価スコアとIB得点との相関係数が0.51というのもやや低い値である。

2. このような結果となった最大の理由は，ゲーム問題がTS中心であり，ゲームが管理能力のうちTSが大きな割合をしめる職位に対して実施されたことにあるように思われる。したがって，本部評価でMないしLレベルと評価された者でも，経験あるいはTSが豊かなものは，このゲームで高・中得点を獲得しやすかったし，本部評価が高かった者は，その比較的高いASを本ゲームでは発揮しえなかったわけである。もしASをねらった問題を作成していれば，本部評価スコアとIB得点との相関はより高くなり，選抜の的中率も増したものと思われる（前述したように，このゲームは本部評価におけるH・M両群とL群とを弁別する力が大きく，H群とM群を弁別する力はあまり大きくない。これに対して，KBSインバスケット・テストは，人事評価におけるH群とM・L両群を弁別するには有効であるが，M群とL群を弁別する力はない。この相違は，本インバスケット・ゲームがTS志向であり，KBSインバスケット・テストがAS志向であることに由来するようにも思われる）。

3. 今回は状況設定を当該企業体としたため，自社では従来どのような管理パターンをとっているかということに，反応がひきずられすぎる傾向があった。したがって，教育・訓練中心のインバスケット・ゲームであっても，状況設定は架空のものとするほうが良いように思われる。

第6章 インバスケット技法の特徴の吟味ならびに活用法の検討

(1) インバスケット技法の特徴の吟味

　今まで述べてきた概観からわかるように，いわゆるインバスケットと呼ばれる手法にはいくつかの特徴がある。そして，それらをどう評価するかによって種々のものが作られ，使用されている。そのねらいによって呼称も異なり，使用法・整理法・評価法も異なってくる。
　そして，これらは大別して，2つの観点から2分されるように思われる。
　1つは使用目的による分類で，すでに述べてきたように，"教育・訓練用"と"評定・選抜用"である。このねらいの相異によって具体的なアイテムの選定・全体の構成は，自ずから異なってくる。同時に，その施行法・整理法・評価法も自ずと定まってくる。
　その点で大きく分けると，いわゆる"形式分析"か"内容分析"かに分けられる。
　すなわち，"評定・選抜"に重点をおけば，整理・評価法は必然的に客観的・数量的になり，したがって"形式分析"を指向しがちになる。
　反対に"教育・訓練"に重点をおけば，その使用法は研修のプロセスならびに研修後の自己研鑽に及ぼす効果に重点をおくことになる。したがって形式的な整合性や客観性・数量化よりも，自己啓発，グループ・メンバー間相互の啓蒙に重点がおかれる。ゆえに，結果の整理，比較・検討などは，あくまで研修効果をあげるための補助手段，あるいはその後の自己研鑽のための参考資料ということになる。
　以上，大まかに2つのタイプの特徴をスケッチしてみた。もちろん，その両方をねらったものや，中間的スタイルのものもある。どの方法をとるかはその企業のねらいで決めればよいことであるが，以上述べてきたことを頭において，目的をハッキリ決め，それにあったタイプのものを選ばないと，木に竹をついだようなことになりかねない。その点の検討が先決であり，肝要である。
　なお，著者の経験でいえば，両方をねらったものは，結局，二兎を追うことになり，アブハチとらずのようなことになるのではないかという気がする。
　"選抜型"の長所は客観的・数量的に処理でき，標準化により他企業との比較も可能なことである。また，ある業種，ある企業に限定されないで，普遍的なジェネラル・マネジャーの資質を評価できることである。したがって，他企業から中堅管理者を中途採用するような時には有効な手段であろう。
　しかし，短所としては，1企業がかんたんに作成できるようなものではなく，大学などの専門機関で作成したものを使用するより仕方がない。したがって，各企業独自の問題を考慮できない（評定・選抜という目的からいえば，むしろ当然のことであろうが）。また，標準化には相当の労力・

時間がかかるので，かんたんに改変できない。したがって，現在の日本のように，急激に，大幅に，社会が動いていると，すぐにギャップができてくる。

　これは著者の実感であるが，比較的オーソドックスで急激な変化はあまりないだろうと思われた電力会社のケースが，営業所・電力所とも，それぞれ作成して2～3年後には抜本的に作りかえざるをえなくなったということからも，いかに日本社会の変化が急激かということを思い知らされた。

　ともあれ，このような社会では，専門家が何年かかけて作成し，一応標準化したテストが，たちまち陳腐化してしまうということはありうるし，その標準化のための労力・時間と陳腐化を考えると，「生きた企業」に使うのには間にあわないのではないか，その点，統計的精緻さよりも実戦的有効さのほうが必要ではないか，という気がする。

　これは，われわれがかつて，モラール・サーベイの標準化を行った時に述べた問題でもある。

　もう1つ，このような統計的手法の限界をあげておきたい。

　それは平均的妥当性と個別的妥当性の問題である。

　一般に，心理学の実験・テスト・調査などでは，ある程度十分なサンプルを用いて，たとえば，2群間に差があるか否かを検定する。あるいは，追跡調査で妥当性を検討する場合でも，しばしば平均値を使用する。これは一面当然のことであり，そのかぎりにおいては正しいことである。しかし，問題はその先である。つまり，平均的に妥当性が証明されたからといって，ただちにそれを個人的妥当性に結びつける危険性である。これは，状況によっては大して実害はない。たとえば，採用試験のような時である。これについては，図6-1のところで，改めて説明する。

　問題は，いわゆる終身雇用・年功序列型の企業において，昇進・昇格，あるいは管理職登用制度のごときものに使用する場合である。たとえば，ある程度平均的妥当性が高い選抜法の結果を，かなり直接的に，管理職の選抜に適用するといった場合である。

　具体的にいえば，ある会社の課長候補者のなかから，あるパーセント，課長に昇格させるような場合である。その時，たとえば，インバスケット・テストの平均的妥当性が高いからといって，その結果を重視して，具体的な個々の候補者の昇格に直接適用するといったケースである。

　例として，第5章(4)で述べた百貨店のケースで著者が経験したことを紹介する。

　このケースの場合は，会社も初めから教育・訓練が主目的で，選抜にはそれほどウェイトをおいていなかった。また，平均的妥当性もそれほど高くなく，実際にも総合評価の1資料としてのみ用いたので，別に問題はなかった。

　しかし，具体的な個々人のインバスケットのスコアを見た人事スタッフは，しばしば首をかしげていた。つまり，なぜAのような優秀といわれる人のスコアが低いのか，反対に，なぜBのようなそれほどでもない人のスコアが高いのか，等々である。

　もちろん，このようなことはどんな場合でもあることであり，原因もさまざまであろう。いわゆる"評判"のほうが間違っていることもあるであろう。また，ペーパー・テストのスコアと実戦と食い違うこともよくあることである。いずれにしても，ある程度は誤差の問題である。

　しかし，これが終身雇用・年功序列制の企業で，誰が見ても優秀だとおもわれているAが一片の心理テストでハネられ，反対に，誰が見ても有能とはいえないBが課長になる，といったケー

スがいくつもでてきたとしたら，その結果はどうなるであろうか。人間のすることに誤差はつきものだとかんたんに割りきるわけにはいかないであろう。また実際，こんなことが行われるはずもない。

採用試験で優秀な管理者になる可能性が高い人間を採用する場合とは条件が異なる。つまり，その場合は基準をあげて，採用した人間のなかに無能な管理者候補が紛れ込まないようにしさえすればよい。逆に，優秀な人の採用漏れがあっても，1企業の立場からすれば，誤差ですまされる。

第5章(4)で述べた百貨店のケースは，イラストとしてはあまりふさわしくないので，スタンダード石油で行ったプロジェクトの例をあげて，さらに説明しよう。

図6-1は，1955～61年にかけて，アメリカのスタンダード石油において行われたプロジェクトの結果の一部である（詳細は省くが，さらに知りたい方は，佐野・槇田・関本『新・管理能力の発見と評価』〔金子書房，1987〕をご覧いただきたい）。このプロジェクトのねらいは，将来有能な管理者になりうる人をなるべく早い時期に見つけて，それなりの育成をしたいという考えで行ったものである。

かんたんにいうと，そのためのものさし作りとして，現在の管理者を対象として，6つのテストよりなる管理者の選別用バッテリーを作成した。同時に，その時の全被調査者に別の角度から管理者としての有能度を調査し，全員を上・中・下の3グループに分類した。この両方をつき合わせたものが図6-1である。

この図は，被調査者を選別用テスト・バッテリーの総合得点の高い順に10％ずつ10グループに分類したものである（総数443名であるから，1グループにふくまれる数は約44名である）。同時に，それぞれのグループのなかに"現在の管理者としての有能度"で分けた上・中・下の管理者がどのような比率で入っているかを示してある。

これを見るとわかるように，このテストの総合得点はかなりよく管理者のレベルを弁別できるといえる。たとえば，総合得点が上位10分の1に属するグループのうち95％までは"上の（グ

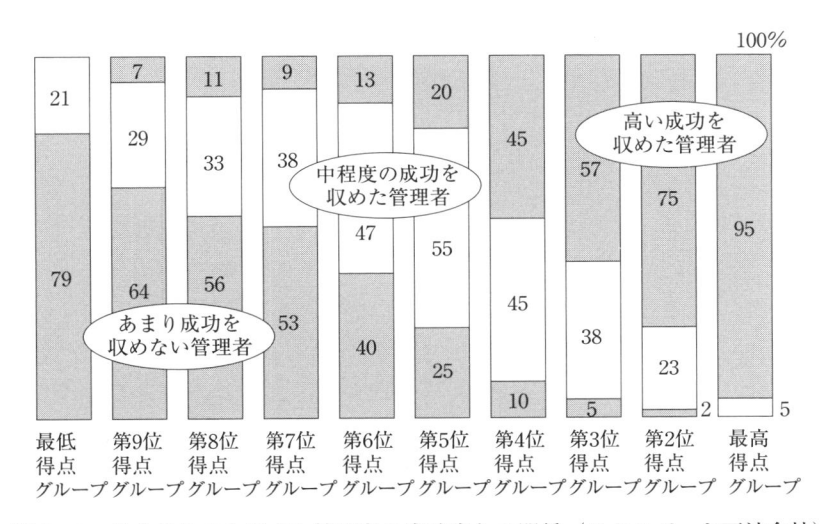

図6-1 総合的テスト得点と管理者の成功度との関係（スタンダード石油会社）

ループの）管理者"であり，"下の管理者"は1人も入っていない。他方，下位10分の1に属するグループはその79％が"下の管理者"であり，"上の管理者"は1人も入っていない。さらに角度を変えて見ると，"上の管理者"148人のうち82％までが総合得点上位40％以内のグループに入っている。

　この結果を利用すると，たとえば，上位40％以上のグループに入っている人の得点以上のスコアをとっている若者を選抜して教育・訓練を施せば，きわめて高い確率で，有能な管理者を育成することができるということになる。あるいは，このようなテストを採用時に行えば，かなり高い確率で"良い管理者候補生"を選抜できる。

　これはこれで結構なことである。だがしかし，現在の日本の企業で，昇格のセレクションに使うとしたらどうであろうか。アメリカのように，自分が正当に評価され，処遇されていないと思えば，他の企業に移るのが自然な社会であれば問題はない。少なくとも，現在の日本はいまだに終身雇用社会である。年功制はくずれてきたとはいえ，基本的生活態度・社会慣習はそうかんたんに変わらないのではないか。とすれば，将来はともかく，現時点で，企業内の管理職候補者の選抜にこのようなセレクションを行うことは相当な摩擦・デメリットが予想される。つまり，いわんとすることは以下のような点である。

　今，観点を変えて，この図をアベコベの角度から眺めてみよう。つまり，このバッテリーの総合得点でセレクションを行ったとすると，得点の上位者半数のなかに"下の管理者"が，第2位得点グループで2％，第3位グループで5％，第4位で10％，第5位で25％入ってしまう。

　反対に，得点の下位者半数のなかに"上の管理者"が，第6位のグループに13％，第7位のグループに9％，第8位に11％，第9位に7％も入ってしまうことになる。

　日本のような終身雇用の社会では，いろいろ不都合が生じるのではないか。

　このような点を考えると，昇格の評価には，現時点ではやはり，多面評価がいちばんよいのではないかと思われる。日常一緒に仕事をし，その人のことをよく知っている上司・同僚・過去のキャリアの蓄積をもつ人事スタッフ，それらの人たちの評価を総合したものが，現在のところえられるもっとも妥当な値ではなかろうか。また，本人をはじめ周囲の人々に対しても，いちばん説得性・納得性のある方法ではなかろうか。

　これに反して，"教育・訓練用"にはそのような標準化・合理性・整合性というような問題はない。したがって，各企業の特性にあったアイテム，あるいは研修の目的にそったアイテムを自由に作ることができる（どこまでその企業に似せるかは一長一短であるが，後述）。また，骨格部分は別として，状況の変化に応じてアイテムを入れかえることもできる。

　当然のことながら，数量化するには不向きである。しかし，数量化できないということは，管理能力の評価ができないということではない。

　この点については，各参加者のデータを見，グループ討議を見れば，自ずと明らかになるであろう。著者は，人間の評価に人間の眼をとおすことが，科学的でないことはないと思っている。また，デジタルの評価のほうがアナログの評価よりも正確だとは限らないとも考える。要は，T.P.Oの問題であるし，使う人間の器量の問題であろう。

かつて，多面評価について，"コンピュータがえらぶ人事管理"などと週刊誌に書かれて話題になったことがあるが，誤解もはなはだしいことである。われわれがコンピュータに負わせたのは"データの整理"であって，あくまで，人事スタッフが血のかよった人事をするための補助作業である。コンピュータが"お膳立て"した材料を立派に料理するのがシェフの仕事である。

問題は，人間が陥りやすい評定誤差をいかにコントロールするかであって，いたずらに形のみ機械的・客観的に行うことではない。

また，少なくとも現時点では，"人間の評価・理解には，渾沌のまま，全体を定性的にとらえるほうがより真実に近い"といういい方もできると思われる。

(2) インバスケット技法の活用法の検討

(1)で述べたことからわれわれの趣旨はおよそ理解されたと思うが，以下，"活用法の検討"として，改めて，論点を整理してみよう。

評定・選抜用インバスケットの検討

すでに述べたように，「評定・選抜用」インバスケットというものは，十分，使用価値のあるテストであるし，現に，アメリカにおいて使用されてもいる。

しかし，この技法を現在の日本において"企業内の選抜・登用に適用"することには種々の疑念がある。これについてはすでに述べてきたが，さらに，1つ日本的特徴について付言しておきたい。

それは，いわば"テストの公正さ"というようなものである。あるいは，登用制度の適用をうける候補者の受験態度の問題といったほうがよいかもしれない。つまり，アメリカのような個人主義の競争社会において，先に登用試験を受けた者がその内容を後から受ける人にもらすということはあまり考えられない。しかし，もし日本の企業で，このような評定・選抜のためのテストをある年次，あるいは，ある資格の人に行うことにして，適当な人数に順次施行するとしたらどうなるであろうか。おそらく，事前の情報収集やら模範解答の作成やらで，テンヤワンヤの騒ぎになるのではないだろうか。といって，再三述べたように，このテストはかんたんに毎年作りかえるというわけにはいかない。しかも，仮に"平均的妥当性"が相当高いテストでも，"個人的妥当性"についてはかなりの誤差はまぬがれない。

以上の点を考えあわせると，将来はともかく，当分は日本の企業で昇進・昇格用のテストとして行うことは困難ではなかろうか。

もちろん，管理職の採用試験に行うことは可能である。この場合は他にデータがないのであるから，有力なテストになりうる。

再三述べたように，多面評価法は被評価者をよく知っている上司や同僚がいることが前提である。つまり，インバスケットとはまったく逆に，多面評価法は現在の日本の企業だから可能な手法なのである。

これに反し，中途採用は候補者を知っている人間がいないのであるから，インバスケットを行う

ことに大いに意味があるわけである。

ゆえにアメリカのように人材の企業間の移動のはげしい個人主義社会の採用試験の道具には向いているといえる。

教育・訓練用インバスケットの検討

これに対して，教育・訓練用の場合はテストをするわけではない。したがって，標準化の問題もない。また，改変も自由である。

ゆえに，ある企業が管理者登用試験の道具としてインバスケットを使用するという時は，現在の日本の企業では必ずしも最良の方法とはいいがたいが，逆に，管理者あるいは候補者に管理能力開発のための教育・訓練を実施したいという時には，まさにうってつけの道具になる。

第Ⅲ部で述べるように，研修の目的にあった，その企業にふさわしいインバスケットを作って，研修を行うことができる。

1．一般的に管理者にとって必要と思われる能力の開発を考慮したインバスケットを作成できる。
2．さらに，その企業にあった，研修の目的にそったオプションを加えることができる。
3．しかも，その企業に近いモデルをケースとして作成することにより，臨場感・一体感をもたせ，自我関与を起こさせることができる（これは相当強烈であり，たとえば電力会社のケースでは，かなりの年齢の所長さんたちが夜中まで熱心に討論するのが通例である）。
4．さらに，同じレベルの人たちとの交流により，情報の交換ができる。
5．これは単なる情報の交換というより，似たようなケースに対する意思決定のプロセス，所長としての最終意思決定にまつわる孤独感などについて，同じ立場の人々と経験を交換するといった趣きが強い。
6．したがって，この種の相談・意見交換は，これを機に研修後も行われているケースが多い。

以上，気のついた点をメモ風にあげてみたが，かかる観点から見て，インバスケットは管理能力の開発のための研修に適した，数少ない，有力な武器であるといえよう。

第Ⅲ部

管理能力開発のための「インバスケット・ゲーム」
―― 教育・訓練用ゲームの作成法ならびに活用法

第7章 管理能力開発技法の検討

ここでは，管理能力の開発についての理論的な背景を述べる。

図7-1は，組織における訓練や開発の過程を概念的に示したものである。この過程はつぎのように，いくつかの段階に整理できる。

1. 第1の段階は，「訓練と開発のニーズ分析」を行うことである。図7-1に示すように職務要件の分析には，以下の3つの焦点がある。

   ①組織レベルの分析（現在および将来の組織全体の職務要件の分析）
   ②経営戦略上の分析（特定の職務群の職務要件の分析）
   ③個人レベルの分析（特定の従業員の職務要件の分析）

   この個人レベルの分析において，第Ⅰ部図3-1「管理能力の発見と開発」システムで示したところの，心理学的職務分析の観点をもふくめた職務内容の把握が必要となってくるのである。一般に，訓練・開発の技法が，標準化され，妥当性があるとみなされるにしたがって，各個人は，各々の基準への到達度によってのみ評価され，将来の開発の焦点もその点にむけられる。しかしながら，その時に職務の心理学的分析がなされ，また，個人の的確な把握が行われていないと，より効果的な能力開発を行うことはむずかしい。

   この3つが重なりあったところに1つの「訓練と開発のニーズ」が形成される。

2. つぎの段階は，訓練や開発に関する一定の目標や基準の設定である。

   このなかには，プログラムの短期・長期目標，およびプログラムの評価基準の設定もふくまれる。

   この段階における目標や基準は，概して抽象的，あるいは全体的なレベルにとどまってしまう

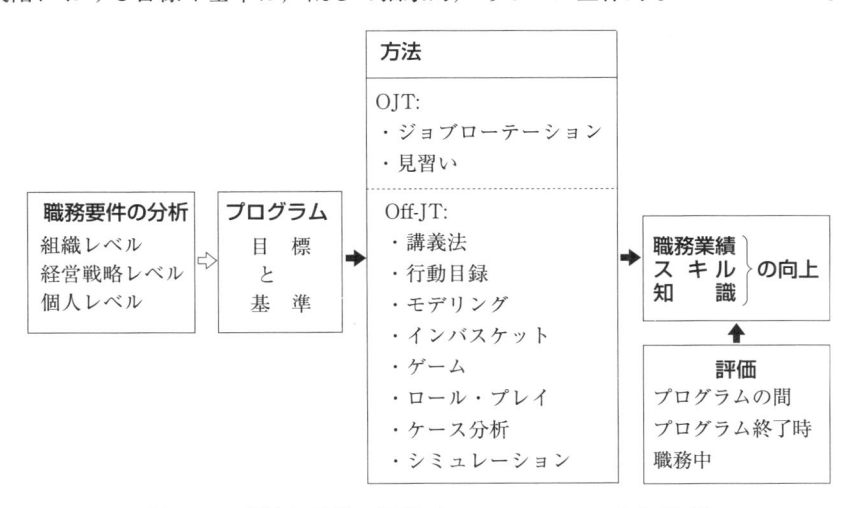

図7-1　訓練と開発の過程（Szilagyi, Jr., 1981 より改変）

場合が多いが，個人の職務経験はもちろんのこと，個人の能力・適性といった心理学的職務分析の観点を考慮に入れた目標や基準が設定されるべきである。

3．つぎに，訓練と開発の方法であるが，一般に，OJT・Off-JT双方がふくまれる。

4．プログラムの評価は，訓練や開発過程にとって重要なものである。

評価は，
①訓練や開発プログラムの間
②訓練や開発プログラムの終了時
③職務に復帰してからかなり経過した後

の3時点で行われる。

今述べたことを，具体的に，われわれが開発・施行したインバスケット・ゲームにあてはめてみよう。

1．「訓練と開発のニーズ分析」の組織レベルの分析では，当該企業（電力会社）がおかれる数年のスパンでの状況を考えて，すなわち，現在この電力会社がおかれている社会・経済的な状況とともに，近い将来おかれるであろう事態を考慮に入れた状況が分析された。たとえば，発電の原料である原油価格はどう推移するか，今後の電気の需要は上昇するのか否か，といったことである。

経営戦略上の分析では，組織レベルの分析を考慮して，そのような状況下で，現に，また，将来，営業（電力）所にどのような職務が要求されているのかを，営業（電力）所の職務を考えて，分析した。ここでは，本店の担当部門の声を集めたり，現職のベテラン営業（電力）所長にインタビューしたり，実際に営業所・電力所の現場を回って情報を収集し，現場ではどのようなことが問題になっているかを分析した。

個人レベルの分析（ここでの焦点は，営業〔電力〕所長であるが）は，営業（電力）所長に要求される職務を分析することである。ここでは，経営戦略上の分析と並行して情報が収集された。

2．訓練や活動に関する一定の目標や基準の設定は，インバスケット研修プログラムでは，到達目標の設定にあたる。このプログラムは，個人処理・グループ討論から構成されているが，個人処理においては，特定の到達目標は示されない。ここでは，自分自身のやり方で，問題に対処することが求められる。後のグループ討論において，各自のやり方・考えをもちより，討論のなかで自分の方法を比較検討することによって，新しい視点を習得したり，自分の視点を確認することがより重要なことである。グループ討論では，通常，討論を通じて，われわれのねらいとした箇所が自ずから浮かびあがってくるのである。

3．われわれの選択した技法は，Off-JTの1つであるインバスケット・ゲームである。ここでの焦点は，アドミニストラティブ・スキル，および，テクニカル・スキルの向上にある。

4．プログラムの評価は，われわれの場合は，②および③を実施した。

まず，プログラムの終了時，すなわち②の時点で，受講者にかんたんなアンケートを実施して，インバスケット・ゲーム問題の適否や，プログラム全体の印象等をたずねた。また，③に

あたるものとしては，第11章で紹介する「追跡調査」を実施した。この追跡調査はインバスケット・ゲームの訓練効果を測る目的で実施されたものである。

　組織が利用することのできる訓練や開発プログラムの方法は数多くある。組織内部で行われるプログラムは，通常，OJT・Off-JT双方がふくまれる。
　OJTは，仕事中に個人が習得できるようにデザインされたプログラムから構成されている。その例としては，見習いや実習がある。
　訓練や開発プログラムは，また，組織外部でも行われる。これらの例としては，人材育成コンサルタント会社が主催するプログラムや，大学が主催するプログラムなどがあげられる。これら組織外部のプログラムは，通常，組織内部のスタッフがカバーできないような，より複雑な，あるいは，まったく新しいトピックスを扱う。
　多くの組織で問題となっていることは，組織内部と外部のプログラムの優劣である。内部で主催する訓練や開発プログラムは，通常より安い経費ですみ，また時間もかからない。一方，外部プログラムは，各分野の専門家によりコンセプトやトピックスが提示されるが，このことが，知識の習得に役立つ。また，しばしば見すごされることであるが，新しいスキルやアプローチの学習は，個人が日常活動や職務から解放された時に，より効果的になされるということがある。また，他の組織の管理者に会い，交流することの意味合いもある。プログラム参加中でのアイディアの交換や問題へのアプローチは，それ自体が非常に貴重な学習体験なのである。
　内部・外部プログラムのどちらのほうが良いかについての適切な答えはない。組織や個人のニーズを考慮し，さまざまな訓練・開発技法のなかから，適切なものが選択されなければならない。

　つぎに，管理技能と訓練・開発技法の関係について述べる。
　訓練や開発の重要性が高まるにつれて，数多くの技法が用いられるようになってきた。それらは，伝統的な講義法から複雑なシミュレーション・ゲームや体験学習にまで及んでいる。表7-1は，これら数多くの技法とその技法が影響を及ぼす管理技能との関係を表したものである。
〔テクニカル・スキル（TS）〕
　テクニカル・スキルの養成には，3つの技法がしばしば用いられる。それらは，ジョブローテーション・見習い・講義法である。
〔ヒューマン・スキル（HS）〕
　さまざまな技法が用いられているが，行動目録（質問紙）とモデリングがもっともよく用いられる。
〔アドミニストラティブ・スキル（AS）〕
　訓練や開発によるスキルの向上がもっともむずかしいものである。しかしながら，このスキルの開発に有効とされているいくつかの技法がある。
　それらは，インバスケット・ゲーム，シミュレーション・ゲーム，リーダーなしのグループ討論である。たとえば，インバスケット・ゲームでは，参加者は，①個々のケース，また，設定された

表7-1 訓練・開発と管理技能 (von Der Embse, 1978 をもとに作表)

管理技能	演習	ジョブローテーション	見習い	講義	行動の質問紙	モデリング	インバスケット	ゲーム	ロール・プレイ	ケーススタディ
TS	職務業績の向上	○				○		○		
	技能の発展	○	○			○	○	○		
	知識	○	○	○	○	○				
HS	職務業績の向上	○				○		○	○	
	技能の発展	○	○		○	○		○	○	
	知識	○	○	○	○	○				
AS	職務業績の向上	○					○			○
	技能の発展	○	○				○		○	○
	知識	○	○	○					○	○

状況全般に関して，問題点とその原因を発見し，②問題を解決するためのいくつかの解決策を考えだし，③もっとも適切な解決策を選択する。

それにひきつづいて行われるグループ討論は，参加者の考え方を確証させたり，他の参加者の解決法を学習するだけではなく，複雑な組織の問題の解決をはかるなかで，他の参加者の行動・考え方への耐性をつける働きもする。このことがまた，貴重なヒューマン・スキルの訓練ともなるのである。

表7-1では，インバスケット・ゲームは，TSの技能の発展，ASの職務業績の向上・技能の発展に有効であるとされている。このことは，われわれの経験からえた実感ともかなりの部分一致している。第11章「追跡調査」に記したが，訓練・開発を目的とするインバスケット・ゲームでは，相当のTSがないと，ASの訓練・開発にはつながらないようである。第Ⅰ部第2章図2-5に示すように，ASは職位があがるにつれてその相対的な重要性が高まるが，当該の職位より下位の職位のTSに，ある程度つうじていることも必要だからである。

TSの習得は，各人がキャリアをつむなかで，OJT・Off-JT双方によって形成されるものと考えられるが，高度な技能の習得は，OJTに負うところが大きいであろう。したがって，TSの習得は，キャリア・コースとも大きく関係してくる。たとえば，電力会社の場合では，入社以来，変電，配電，労務といった同じ部門内で配転をくり返し，キャリアをつむことが，通常の昇進ルートである。こうしたなかで，部門内の広範囲にわたるTSが習得されるわけである。このようなやり方は，百貨店をはじめとする他の業種でも広く行われていることである。

中間管理職（この電力会社の営業〔電力〕所のケースでは，課長職）の育成といった視点からみると，このような部門内の配転による人材の開発は，うまく機能しているといえよう。しかしながら，部門をこえた，より上位の職位（営業所長，電力所長）にあっては，その人が，過去のOJT

やOff-JTによって身につけたTSのみでは，十分とはいえない。インバスケット・ゲームは，各人が不足しているTSを発見し，習得するための契機となるものと考えられる。

すなわち，TSが不足している者にとっては，グループ討論で得られる知識・情報や，以降の自己啓発の契機となるといった意味合いで，インバスケット・ゲームは，有効な技法である。

一方，ある程度TSがある者にとっては，インバスケット・ゲームで設定された状況下で，自分がとった管理行動の判断力・企画力・決断力・実行力・調整力等について，グループ討論・個人別のフィードバック等を通して，他の人々のそれと比較し，自らの管理行動のスタイルを確認・修正することが，ASの開発へとつながると考えられる。

第8章 インバスケット・ゲームの作成法ならびに活用法

(1) 作成上の問題点

インバスケット作成にあたっての原則とか法則があるわけではない。しかし、作成の要点というか、カンドコロのようなものはあると思う。そして、これを体得していただくのには、比喩を使って得心していただくのがよいような気がする。

構　成

比喩としては、芝居の脚本あるいは、いわゆる本格推理小説が適当であろう。その作者として創作する時の準備あるいは、創作過程である。そして、それは同時に、観客あるいは読者の立場からの見方、うけとり方を視野におくということである。

芝居を創る時には当然訴えたいテーマがある。そこから主な登場人物（組織の役職にあらず）が設定され、必要なキャラクターが付与される。そしてプロットが決まり、舞台装置が決まってくる。

インバスケット・ゲームも同様である。どんな舞台装置にするか、主な登場人物にどのようなキャラクターをもたせるかが最初の問題である。そして、その人たちにそれぞれその人らしい行動をさせ、それぞれの人にふさわしいセリフを言わせる。

したがって、観客はそれを見ることによって各人物を知り、問題の所在を知り、当該事業所の構造、主要メンバーのキャラクター、グループダイナミックスを知ることになる。そして、そこから問題の解決がでてくる。

それが可能な情報は、すべて登場人物によって語られる必要がある。しかしそれには、自ずから限界がある。そこで、必要な補足情報については"狂言回し"たとえば副長のリポートとして流す、ということになる。

つまり、インバスケットのなかの書類には、1つはその書類にもりこまれた情報が入っているわけであるが、同時にそのなかに、"自己紹介"あるいは"他者紹介"が入っている。したがって、すべての書類に目を通せば、問題点と同時に主要メンバーについても紹介されることになる。書類の筆跡もその人物らしいものにする[*1]。その時に不足だと思われる情報は、背景情報として事前に入れておくということである。

ただし、各アイテムにもりこまれた問題と当該人物の説明が、同時になされるわけではない。また、主要メンバーのなかには、当然いろいろな人物がいる。善玉もいれば、悪玉もいる。有能な人、

---

*1 今後、メールでの情報のやりとりが多くなると、この「筆跡」というテクニックが使いずらくなる。

無能な人，信頼できる人，できない人，それらが絡みあって，芝居は進行していく。端役のつまらないグチのなかに重大な問題のカギが入っている。あるいは，大した問題ではないアイテムのなかに，主役についての情報がひそんでいる。このような情報のネットワークで，絵図は構成されている。つまり，アイテムのなかには，通常の"情報提供的アイテム"のほかに，後のグループ・ディスカッションの"話題提供的アイテム""伏線""息抜き""オアソビ"等々がゴッチャになって入っている。緊急度・重要度の異なるいろいろのアイテムが雑然と入っているのが"未決箱"である。

そのなかに研修で学んでほしいこと，考えてほしいこと，気を配ってほしいことが入っている。

研修プログラム

このインバスケットは，図10-1[*2]のようなスケジュールで研修を行うことを前提に作られている。そして，研修の重点は，第2日午後のグループ作業におかれている。午前の個人作業は，いわばそのための予習といった扱いである。

したがって，新任所長が3時間でだいたい解決できてしまう程度の問題構成の"広がりと深さ"にはなっていない。それでは，数人のグループが再度夜中までかけてやるに耐えない（ゆえに，午前の作業ではまがりなりにも一応こなす人は半分くらいである。インストラクション自体ができるだけやるように，となっている）。

シミュレーション

つぎに，自社版の，ケースを作る場合に，舞台をその会社にするか，架空の会社にするかの問題である。これはアプリオリに考えると，一長一短のようである。

しかし，著者の経験では，"まったく同一の会社"ではないほうが良いような気がする。失敗例として，"百貨店"のケース（慶応産研版）をあげる（別にインバスケットそのものを失敗したわけではない）。

良くない理由の1点は，このケースの場合，まさに会社の名称・組織・職階，すべてそのまま使った結果起こった。たしかに，これによるメリットは非常に大きかった。まず，組織・構成・流れ，すべて受講生が熟知しているうえに，臨場感・一体感・同一視等が非常に強く，研修後のミーティングでもほとんど全員が興奮状態でケースにのめり込んでいたことからもうかがわれる。しかし，デメリットもまさにその点に現れた。つまり，せっかく当該企業の問題点を見直そうと作ったアイテムが，慣性的見方しかなされなかったということである。具体的にいうと，"これはウチの会社ではこうするんだ""ウチでは……""わが社のやり方は……"等々，現に毎日やっていることに束縛される結果になってしまった。

良くない理由の第2点は，たまたま組織の大改革が翌年行われたため，せっかくのケースが使えなくなってしまったということである。

[*2] ここにあげてあるT電力のケースは現在は使われていない。また，研修方法も大幅に変わった。新しいやり方については「あとがき」参照。

この経験を生かして、電力会社の場合は、架空の電力会社とした。といっても、電力会社の場合はどの地域でも1社しかないが、とにかく、"東日本電力"という架空の会社を作ることにした。そして"かぎりなくT電力に近いが、T電力ではない"というインストラクションで行った。施行後の印象は、やはり、このほうが良さそうである。

いうまでもないが、"教育・訓練用の自社版"を作るということは、その企業で"独自のねらいをもった研修"をするということである。「自社版」のメリットは、まさに"わが社"に必要なものを作れるという点にある。したがって、なにもわざわざ全然関係ない業種の架空の会社のモデルを作ることはないのはもちろんである。この点が「評定・選抜用」とは異なる。

"わが社"との同一視は、架空の企業であるとわかっていても、自然に起こってきている。したがって、"のめり込んでくれない"という心配をする必要はない。問題は、"悪しき慣習をチェックする"ことである。かくて、"かぎりなく近いが、「わが社」ではない"となった次第である。

その他

細かい注意をあげるとキリがないので、主なものを2、3あげる。まず、種々の対立するグループ（といっても必ずしもイガミあっているというわけではない。立場上対立的なもの）がある。たとえば、現場と事務、支店と営業所、トップとミドル、労使、あるいは組合内、その他種々の派閥。このようなものを底流に、あるいは暗々裡にもりこむ。

あるいは、いろいろの角度から眺めうる、それによって優先順位が異なるいくつかのイベントを同日に組みあわせる等々である。

それから、これは後のグループ討議などの便宜のため、アイテムに小見出しをつけておいたほうがよい。また、同様に通し番号をつけておくと便利である。

(2) 研修実施上の注意すべき点

具体的なことは、第9章、第10章に述べてあるので、ここでは必ずでる受講生のボヤキ・怒りなどについて述べておきたい。

1. これは"インバスケット"の性質上、ある程度やむをえない点である。そして、この点は事前のインストラクションでもことわってある。したがって、受講生も頭では一応わかっている。しかし、ケースに没入してくると頭にくる、といった問題である。

   その第1点は、いわば、形式的な面である。それは"すべてのアイテムが所長宛に文書の形で「未決裁箱」のなかに入っている"ということである。

   つまり、本来なら——あるいは日々行っている日常業務の慣例でいえば——、ありえないような手紙、メモの類がいっぱい入っている。これはそうしなければ"ゲーム"が始まらないわけであるから、当然であるとも、やむをえないともいえる。それは説明をきいて理解している。にもかかわらず、"かぎりなくわが社に近い所長の未決箱"にそのようなものが入っていると、やはり頭にくるようである。

具体的にいうと，"こういうことはちゃんと所長室にきて口頭でいうものだ""こんなことを文書で所長の未決箱に放り込む奴があるか""これは当然ラインの長を経てもってくるものだ""この営業所はヤケに直訴が多い"等々である。

2．もう1点は，同様の点で内容に関するものである。"この営業所はコミュニケーションがなっていない""こんなことは課長が判断すべきことだ""副所長はナニをしているんだ""所長のトコロへもってくる前に，自分で調べて，それなりの案をもってこい""総務課長は情報はもってくるけど，自分の意見をいわない。これではまるでメッセンジャー・ボーイだ""だいたい，課長クラスが自主性がなさすぎる""依存的だ""決断ができない"等々である。

これはまあ，およそそのとおりである。そうでなければ，"所長のすることがない。つまり「インバスケット・ゲーム」は成り立たない"のである。しかし，全員がそうでは，これまた，"ゲーム"が成り立たない。仔細に見れば，"この人はやる気がないように見えるが，オトナシイだけで，守備範囲のことはやりそうだ"とか，"この人はやる気マンマンのようだが「エエ恰好シイ」のところが強そうだ"とか……，それぞれの特徴がある。そして"まったく救いようのないのはわずか"のハズである。でないと，後の立て直しもできない。

つまり，脚本を作る側としてはそのようにいろいろの役を作り，それにふさわしいように行動してもらっている。であるから，芝居を見る側としては，そこから逆に，主な登場人物のキャラクターを推測してほしい。そして，"依存的である""直訴が多い"……という点については，ゲーム構成上やむをえない部分を割り引いてほしい。──というようなことを適宜，午前のインストラクションではかんたんに，午後のインストラクションではややていねいに，やむをえなければグループ・ディスカッションの時にもくり返してほしい（ただし，グループ討議中は原則として口をださないほうがよい。あまり口だしすると，討議がはずまなくなる）。

いずれにしても，ここで引用したセリフは，グループ作業中に非常にしばしばでてくるセリフである。"ウチの会社ならクビだ""いや，こんなことするヤツはいないよ。東日本さんのことは知らないけど……"なんてセリフもよくでてくる。

3．先に，この研修のハイライトはグループ作業であり，午前の個人作業はその準備としての予習であると述べた。

しかし，そこには通常の予習の他にもう1つのねらいがある。それは，主要人物のキャラクターのうけとり方，あるいは，問題点の認知の仕方は受講生によって異なるということである。したがって，対処の仕方も当然異なってくる。

ゆえに，グループ作業では，最初に，そのグループのメンバー全員が，それぞれ，どのように認知し，どのような手をうったかを話しあっておいたほうがよい。なぜなら，主要人物のキャラクターの把握が違えば，解決策も自ずと異なってくる。グループ作業の課題に人物スケッチを入れた理由である（もちろん，その他の課題も同様である）。この時のメンバーの話をきけば，人によっていかにうけとり方が違うものかに気づくことと思う。それが，もう1つの研修のねらいである。

そして，これはどちらが正しいというより，いわば，管理スタイルの違いといったものが如

実に現れる。たとえば，"仕事を優先させるタイプ（P型）"と"人の和を大事にするタイプ（M型）"，"タカ派"と"ハト派"，といった違いがよく現れる（これについては，むりにグループの意見をまとめることなく，第3日の全体討議にだすようにしている）。

4．最後に，第Ⅱ部第6章(2)で述べた点について付言することにする。これは，研修を何回かにわけて行う時は当然起こる問題である。すなわち，後から研修を受ける人が，すでに研修を受けた人に様子をきくということである。これは"評定・選抜"ではないので，直接の問題はない。もちろん，悪いことでもない。しかし，事前情報に差があると，グループ作業によい影響はない。いわんや，もし，事前に予習でもしてきたりすると興冷めである。といって，日本の文化風土では，聞かれた人に教えないということはむずかしい。

　そこで，私はつぎのような方法をとった。

　「研修の終了時に以上のような話をし，このゲームの具体的なアイテムに関して事前に情報を入れるということは，たとえていえば，推理小説を読む前に犯人を聞いてしまうようなものであろう。だから，もし後の人に研修について聞かれたら，日程のようなもののみにしておいてほしい。そして，おもしろいからまあうけてみろよ，くらいにしておいてほしい。といっても，日本の文化風土では資料があるのに見せないというのはむずかしかろう。ゆえに，<u>"事例"はもちろん，メモにいたるまで，"インバスケット"に関する資料は全部（他にも講義の資料，本などがある）おいて，貴重な体験だけを胸にもって，帰ってほしい</u>」。

　このように話すと，皆納得してくれる。

　そして，事後の様子でも具体的な内容についてはあまり話されていないようである。

第9章 T電力版インバスケット・ゲーム

　今回，インバスケット・ゲームを作成・実施した組織は，わが国の電力会社・T社である。この会社では，従来からさまざまな能力開発に積極的にとりくんできており，今回のインバスケット・ゲームの導入もその一環である。インバスケット・ゲームの開発にあたっては，新任の営業所長・電力所長の教育研修に用いることをその目的とした。まず営業所長研修を始め，ついで，電力所長研修を開始した。

　以下に，営業所長用・電力所長用それぞれのインバスケット・ゲーム（以下，適宜 IBG と略称する）を紹介するが，それに先だって，この電力会社についてかんたんに説明しておきたい。

　電力会社の業務をきわめて単純化していえば，電気を作り（発電），送り（送電），需要家へ供給（変電・配電）することである。

　これらの業務の統轄は本店が行い，また，概略，県単位のブロックの統轄は支店が行っている。この支店の下に営業所・電力所という組織があり，実際に現場での仕事を行っているわけである（図9-1参照）。

　まず，営業所は，人口10万人以上程度の各市におかれ，その周辺の市町村を管轄している。営業所はその規模によって，3つに区分される。大きいほうから，I型営業所（所員130〜150名），II型営業所（所員100〜120名），III型営業所（所員60〜90名）に区分され，それぞれいくぶんか，組織・職制も異なっている。業務の内容は，はじめに書いた電気の流れでいえば，配電用変電所から需要家に至るところであり，各家庭への電気の供給・検針・料金の徴集等を受けもっている。

　つぎに，電力所は，各支店に2ないし3置かれ，各電力所は，それぞれ数営業所の管轄地域をカバーしている。業務の内容は，発電所から変電所に至るまでである。

（1）「営業所長」のケース

　ここに紹介する営業所長用インバスケット・ゲームは，研修開始から3年間用いられたものである（最新のものは，「序」その他のところで述べたような理由によって，具体的に紹介することはできないが，基本的な骨組みは，ここで紹介するゲームと大きく異なるものではない）。

　営業所長用インバスケット・ゲームの作成導入にあたっての基本計画はつぎのとおりである。

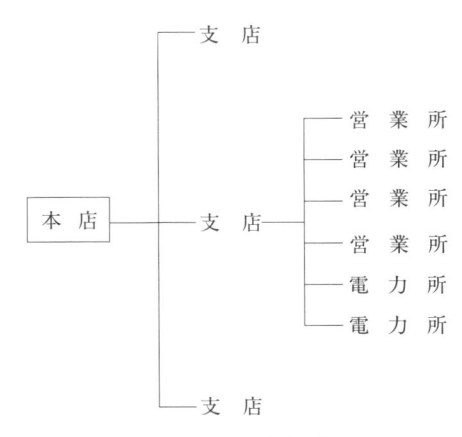

図9-1　T電力組織図

導入に関する基本方針

1．目的：研修に適用する。
2．対象：営業所長の職務にかかわるケースにより，新任営業所長を対象に，研修を実施する。
3．実施方法：
- 日程：インバスケット・ゲームによる研修の期間は3日とする。
- 対象：営業所長（就任後1年以内の新任の営業所長で，過去に所長経験のない者）。
- インストラクターを社外の専門家に依頼する。
- 実施後のフォロー：研修実施後における追跡評価は行わないが，アクション・レポートを提出させ，この内容にもとづき，管理スタイルについてのコメントを付して，個々にフィードバックを行う。

デザイン

1．モデルにする営業所の職制・規模
　職制・規模の中間のもの，Ⅱ型（ゲーム中では，B級営業所という表現を用いている）とする。また，需要形態も，都市型あるいは農山村型に偏しない営業所とする。
2．研修のねらい
　営業所長が日常，業務推進上，すでに直面し，あるいは直面するであろう諸々の事象や問題事項について意思決定・適切な行動・リーダーシップ等が要求される案件をつうじて，今後より一層営業所長に求められる総合的な判断力・決断力の涵養をはかる。また，案件相互の構成により，営業所全体にかかわる大きな問題を内蔵させ，これらの案件をつうじて，洞察力・問題解決力の向上をはかる。
3．状況の設定
　素材を案件として作成する過程を勘案しながら，状況の設定を行うものとする。状況の設定にあたってのポイントは，以下に述べるとおりである。
〔状況設定のポイント〕
　①Ⅱ型営業所とする。
　②都市化地域と農村地域をかかえており，駅前商店街中心部とS団地に，地中線あり。
　③市郊外は住宅開発が盛んで，需要の伸びは高い。大手の宅地造成に付随して，ミニ開発が虫食い状態で拡大し，電柱用地交渉は難航をきわめている。市道使用の制限が強く，供給が臨時のまま1年以上を経過している所もかなりある。
　④客層は，東京よりの移住者・市中心部からの移住者はかなり権利意識が強いが，全体的にはおとなしい。
　⑤設備は供給に追われ，饋線事故（当社責任）は支店内で一番多い。
　⑥したがって，所内配電課・工事課は極端に忙しい日が続いている。
　⑦住宅開発の急速な拡大・ミニ開発の増加で，居住者に共働きが多く，営業面ではつぎのよう

な現象が見られる。
- 休電広報未達による苦情
- 料金の未収
- 料金事故分残の増加
- 再訪業務の増加
- 無断移転の増加

⑧地域との組織的関係は，(1)電力協会，(2)電気使用合理化委員会，(3)官公署連絡会（私鉄・電力・ガスを含む），(4)市産業問題懇談会，(5)サービス懇談会。

※ロータリー・ライオンズは未加入。

⑨市長は革新系，市議会は多数が保守系だが，新規開発地域をバックとする革新系も若干いる。

⑩所内の風土は，おとなしく，素直で従順。加えて数年前（宅地開発前）までの，のんびりした空気が身についていて，見かけ上モラールが低いかに見える。

⑪前任所長は明晰な理論家で，営業畑出身のベテラン。したがって，どうしても指示型の傾向となり，在任1年の間に課長の裁量する部分はほとんどなくなり，完全に所長主導型になった。また，アイディア・発想も豊かなため，特命事項が多く，部下は所長の意見を未消化のまま，繁忙の上に繁忙を重ねることになっていた。

⑫所内要員は2名欠。

⑬工事工量は支店内Ⅰ型のそれをこえている。

⑭中心的な問題箇所は設計係で，過日の異動で主任・副主任の2名が配転となり，補充者は未熟で，設計力全体が落ちている。つみあげ設計書は10日分ほどしかない状態で，この設計力弱体は所内業務の諸々の面と，請負付託に深刻な影響を与えている。

⑮配電課長は定年1年前で，なにごとにも身が入らず，なげやり，部下任せで，前任の指示型所長も重要な指示は係長に直接するありさまで，まったくあてにならない。

⑯加えて，計画係長は大都市店からの転任者で，特別登用試験出身のうえ自意識が強く，特に連係をしなければならない設計係長と仲が悪い。

⑰組合は，他にくらべると細かいことまで団交にかけることを要求するが，総体的にはまじめでくせもない。しかし，営業所の既得権（習慣という程度）には，どのような小さなことにも敏感である。

以上のような基本計画をもとに，いよいよ具体的なゲームの作成にとりかかった。

ゲームの作成にあたっての基本的構想（能力・役割・課題の関係）は，図9-2に示すとおりである。図のもっとも左に示す〔次元〕は，このインバスケット・ゲームで要請される管理能力の諸次元である。その右の〔役割〕は，営業所長が担う役割の機能であり，さらに，その右の〔課題〕は，このインバスケット・ゲームで設定された，解決されるべき課題を示している。そして，いちばん右に，案件名を示す（省略）。

すなわち，〔次元〕×〔役割〕×〔課題〕のくみあわせ（図中の○）が，それぞれの案件となっ

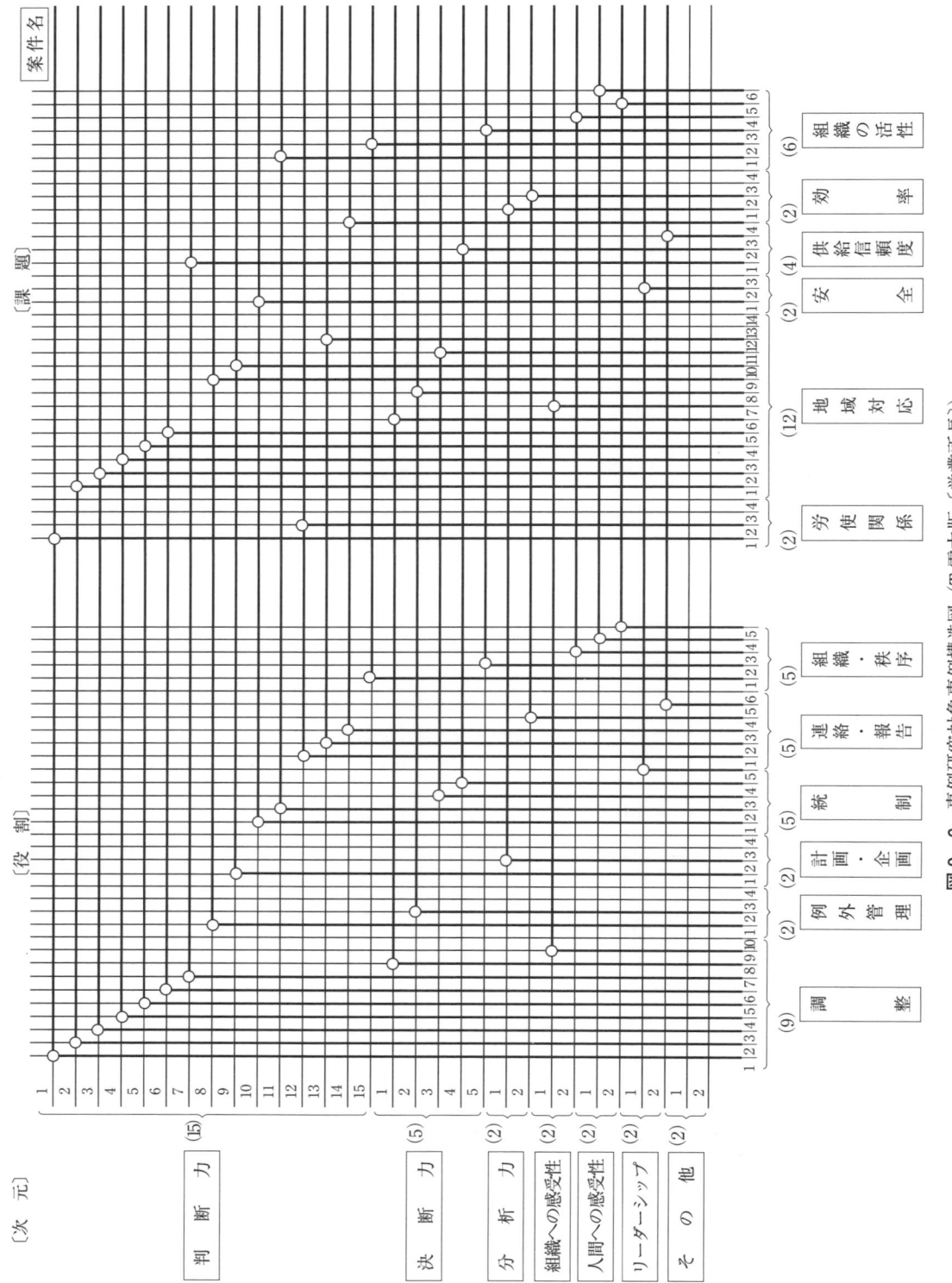

112　第Ⅲ部　管理能力開発のための「インバスケット・ゲーム」

図9-2　事例研究対象事例構造図（T電力版（営業所長））

ている．もちろん，各案件には，さまざまな要素がふくまれているわけであるが，この図に示したものは，〔次元〕・〔役割〕・〔課題〕のそれぞれ中心的なものである．

こうした構想をもとに，ゲーム問題の作成を行ったが，これに際しては，ベテランの営業所長から助言をうけ，営業所長が，日常経験する状況にできる限り近づけるよう配慮がなされた．ただし，その状況はゲームを成立させる必要上，いくぶん極端に作られていることも事実である．

まず「背景に関する情報」はつぎのようなものとした．

「背景に関する情報」の作成

〔あなたのおかれている状況〕

あなたの氏名は，東山清隆です．

現在，本店営業部第2管理課長の職にあります．今日は11月5日金曜日．今は，明後日出発する全電力欧米視察団の幹事としてすべての準備を終わり，ほっとしたところです．あとは別件で，明日，経済産業局の担当官とかんたんな打ち合わせをすませればよいだけです．ところが，退社時間前になって突然あなたは部長室によばれ，大和支店琴平営業所長として赴任するよう命ぜられました．その際，あなたは部長から，「辞令は発令するが，今回の視察団の準備を一切やってきた君が同行しないのは，なにかと不都合だし，他電力の方にも申し訳ないので，今回は同行して，本格着任は帰国後，帰国が今月の27日（土）だから，本格着任は，29日（月）からにしたまえ．大和支店長には了解をとっておいた．その時，支店長から頼まれたのだが，琴平営業所の前所長の北野君が，病気入院してから2週間いろいろな問題がでているだろうから，できるだけそれを処理していってほしいとのことだ．支店長が10月の末営業所へ行ったとき，5日か6日には新しい所長が決まるはずだから，各人問題をだしておくように，といっておいたそうなので，山づみになっているかもしれないよ」といわれました．

すでに，午後5時をまわっています．あなたはすぐに経済産業局に電話をし，明日午前中の打ち合わせを確認し，わずかな時間で副長たちに引継書のポイントを指示しました．

以上のことから，視察団の出発を明後日の早朝に控え，あなたが，琴平営業所で懸案やその他の問題を処理できるのは，明日6日（土）午後2時〜5時の3時間しかありませんし，営業所の役職者とは一切連絡がとれません（シミュレーション・ゲームを成り立たせるため）．

〔営業所組織および職務に関する情報〕

以下の情報は，あなたが赴任を命ぜられた大和支店琴平営業所に関し，あなたの部下，第2管理課の鴨川副長が急ぎとりまとめたもので，6日朝あなたのでかける直前自宅に届けてくれたものです．概要にすぎませんが，これからのあなたの仕事にとって最小限必要なものは記されているはずです．

〈鴨川副長の琴平営業所に関する情報〉

とり急ぎなので，特徴的なことだけお知らせいたします．なお，本営業所が，A級営業所につぐ，B級営業所であることは，御存知のとおりで，1市5町村，人口は37万人です．管内需要家軒数は18万軒，琴平市とその西部を除けば主として農山村地帯です．管内図（図9-3），組織図（図

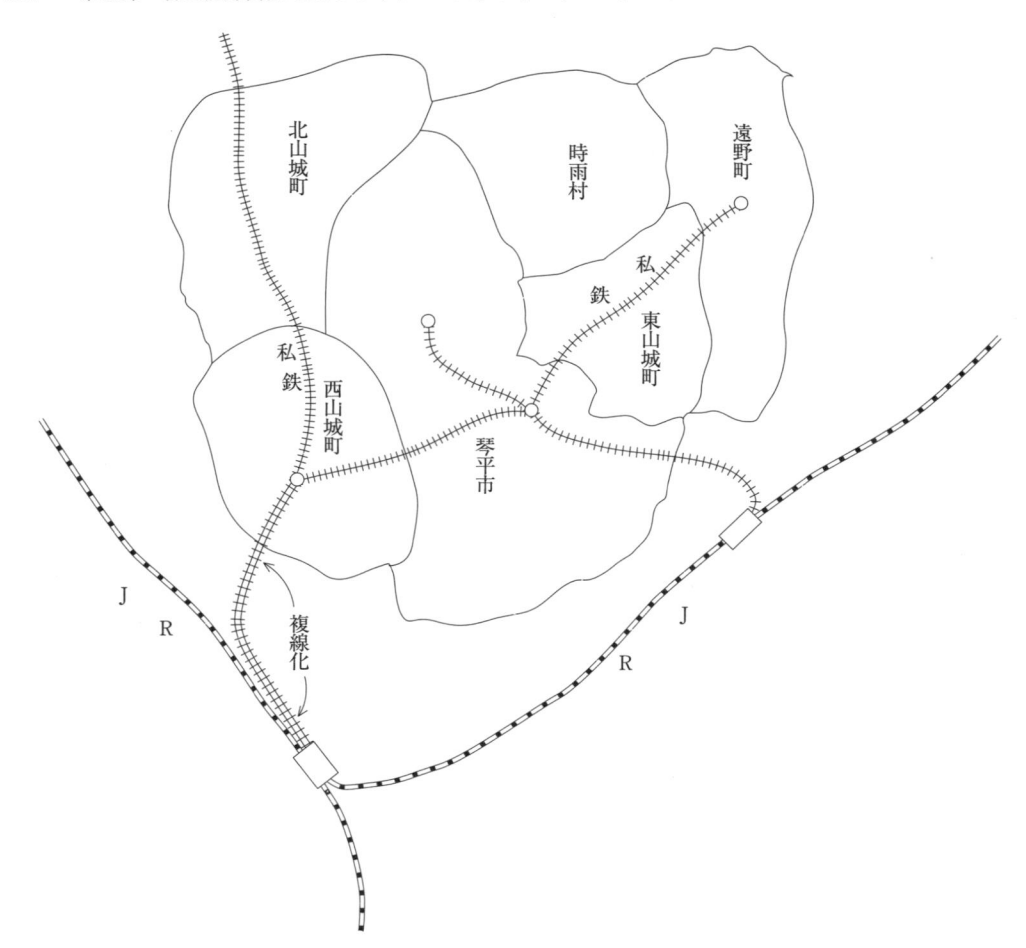

114　第Ⅲ部　管理能力開発のための「インバスケット・ゲーム」

図9-3 琴平営業所管内略図（T電力版〔営業所長〕）

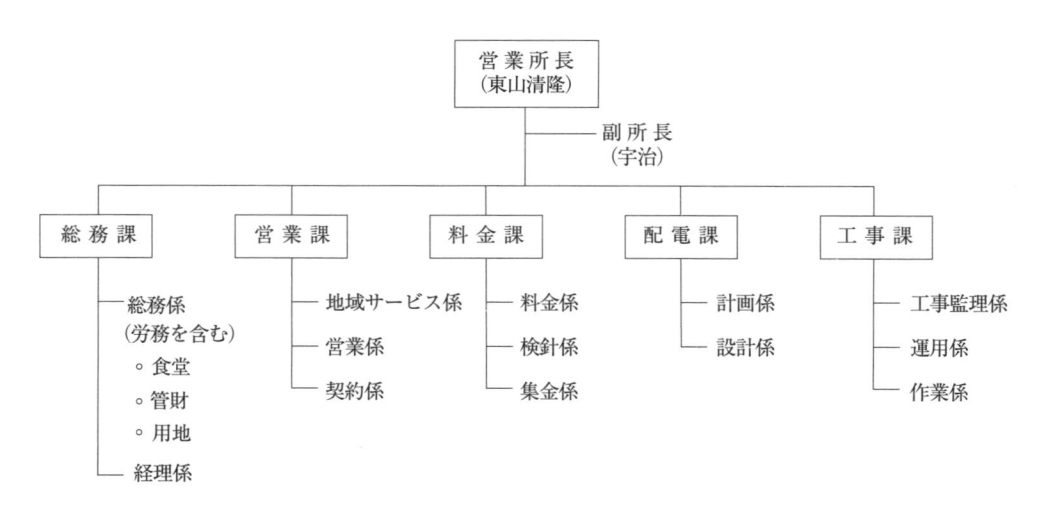

図9-4 琴平営業所組織図（T電力版〔営業所長〕）

営業所長（東山清隆）
副所長（宇治）

- 総務課
  - 総務係（労務を含む）
    - ○食堂
    - ○管財
    - ○用地
  - 経理係
- 営業課
  - 地域サービス係
  - 営業係
  - 契約係
- 料金課
  - 料金係
  - 検針係
  - 集金係
- 配電課
  - 計画係
  - 設計係
- 工事課
  - 工事監理係
  - 運用係
  - 作業係

管内略図の地名：北山城町、時雨村、遠野町、西山城町、東山城町、琴平市、私鉄、JR、複線化

9-4）は別につけておきました。

　琴平市は，古来，門前町として発展した古い町で，現在でも，観光の他，織物・木工品を主とする産業と周囲の農産品の集散地として，管内の中心的な存在です。

　この琴平市の隣接地域で管内西部にあたる西山城町は，10年ほど前に中小工業団地の造成誘致に成功，ついで町内を通過する私鉄が複線化された3年ほど前からベッドタウンとして急速に開発が進み，同町東南部はまったくの住宅地と化し，なお大手開発とその周辺に群がるミニ開発の拡大は，依然衰えていません。

　このため，この2～3年の年間需要家軒数の伸びは，13,000軒に達し，伸び率・増加軒数・工事量ともにA級営業所のそれをこえており，5年後には25万軒を突破すると想定されています。このような西山城町東南部における需要の急増は，本営業所の当面の課題となっています。そのなかでも，とりわけミニ開発・アパート（昼間不在需要家）の増大は，各種業務に少なからぬ影響を与えています。

　すなわち，供給対応では量的な問題をかかえる一方，需要家の権利意識を反映して，電柱用地確保の困難化と仮供給の問題，および休電工事の増加にともなう休電日設定の困難化，休電広報に関する昼間不在需要家とのトラブルの増加，また，異動件数の増加は，それに付随する各種トラブルを倍加し，営業料金面での多忙の一因となっている等々です。

　営業所内部に関しては，まず全体的な気風としては，あの地方と同じく穏やかです。しいて悪くいえば，覇気・進取の気性に欠けるとでもいいましょうか，素直にまじめにやるタイプです。

　以上，概略を述べましたが，お役に立てば幸いに存じます。ご無事の帰国をお祈り申しあげます。

〔現在の状況〕

　さて現在，11月6日土曜日午後2時です。あなたは，琴平営業所の所長デスクにおり，未決箱のなかにある書類やメールの処理にあてることのできる時間は，正味3時間です。

　この未決箱のなかには，公式にあなたの意思決定を求めるものもあれば，メモや私信にちかいものもあります。難易，軽重，緩急，さまざまな角度から，それぞれの案件・文書・メールに対し措置を起こしてください。

　この場合，大切なことは，あなたが今日以降3週間の海外出張で連絡がとれないということです。したがって，あなたの意思が正確に伝わり，部下がその意思に従い，質の高い措置を行えるように配慮してください。何を誰に指示する（あるいは伝える）のか，あなたの意思を明らかにして，意思がより良く実現するようにしてください。意思決定の理由を書いて，あなたの意思をより明確にしてください。

　◆あなたは，琴平営業所長　東山清隆です。

　　時は，11月6日土曜日午後2時。

　　あなたの本格着任は，11月29日月曜日です。◆

「ゲーム問題」の作成

　つぎに，「ゲーム問題」であるが，業務報告書・メモ・書簡，メール等をまじえて全部で23の

表9-1 T電力版（営業所長）ゲーム問題
　　　　（インバスケット内の未処理書類）

〔問　題〕	〔日付〕
1. 営業課の欠員	11月
2. 食堂の件	11月5日
3. 八坂副主任のメール	11月2日
4. 振替率の向上	11月5日
5. 請負事故苦情	11月5日
6. 副所長の手紙	11月2日
7. 管財委託員の問題	11月2日
8. 試験実施	
（KRT第2次改良型取付）	
9. 省エネ推進協議会	11月2日
10. 中高年の愚痴	11月2日
11. 町長の手紙	11月3日
12. 所長会議	11月4日
13. 移設要求	11月1日
14. 新聞記者	11月5日
15. 委託検針の苦情	11月2日
16. 団地バザール	11月2日
17. 民謡部	
18. 箸箱の会	10月15日
19. 考査講評	
20. 事故分残	11月5日
21. パトロールの廃止	11月2日
22. 時間外勤務の恒常化	11月4日
23. 結婚式招待状	

問題を作成した。もちろん，これらの問題は，営業所の運営に及ぼす影響度，他人および地域社会に及ぼす影響度，時間的制約度，追加情報の必要度，問題処理の困難度等において，いろいろと程度の異なる問題からなっている。また，それらの問題には，相互に深い潜在的関係のある問題がふくまれている。

個々の問題は，一部を第Ⅳ部「事例編」に掲げたが，その表題は，表9-1に示すとおりである。

ゲーム問題は，固定されたものではなく，絶えず見直し・改訂を行ってきた。

それは，1つには，問題それ自体が，全体の構成から見て検討を要するものであった場合である。実施に先立って，プリ・テスト等は何度も行ったが，われわれが予想もしなかった"妙案"を受講者が考えだし，そのために改訂を行ったこともあった。

もう1つの理由は，いわゆる"経営環境"の変化である。電力会社も，さまざまな社会・経済状況の変化を直接にうけており，その理由からも，問題の改訂が要請されることがあった。

こうしたことから，4年目には，全面改訂を行った。さらにこの間，問題の信頼性・妥当性を検討するために設けた"評価基準"を用いてアクション・レポートの評価を試み，この結果も参考にして問題の修正・改良をかさねてきた。

ゲームの時間は，アクション・レポート記入の時間もふくめて3時間とした。

「評価基準」の設定

本インバスケット・ゲームは，当初から能力開発のための教育・訓練用に作成されたものである。したがって，アクション・レポートを評価し，スコアを算出し，それを個人の評価に用いるといったことはなされていない。しかしながら，われわれは，このインバスケット・ゲーム問題の精度・感度を探るために，"評価基準"を設け，問題のチェックを行った。

ここで用いた評価方法は，主に反応の内容面からのアプローチである。

まず，各問題において，とらなければならない適切な管理行動，あるいは反対に不適切な管理行動とはどういったものかといった点についてまとめることにした。それに際しては，①予備調査として現職のベテラン営業所長に実施したゲームの回答，②各問題に関連する部門担当者およびインバスケット・ゲーム研修の担当者の意見，③インバスケット・ゲーム研修の受講者の回答，を参考

インバスケット問題	1	2	3	4	5	6	7	8	9	10	11	12	13	14	15	16	17	18	19	20	21	22	23
1 営業課の欠員																							
2 食堂の件																							
3 八坂副主任のメール																							
4 振替率の向上																							
5 請負事故苦情																							
6 副所長の手紙																							
7 管財委託員の問題																							
8 試験実施																							
9 省エネ推進協議会																							
10 中高年の愚痴																							
11 町長の手紙																							
12 所長会議																							
13 移設要求																							
14 新聞記者																							
15 委託検針の苦情																							
16 団地バザール																							
17 民謡会																							
18 箸箱の会																							
19 考査講評																							
20 事故分残																							
21 パトロールの廃止																							
22 時間外勤務の恒常化																							
23 結婚式の招待状																							

図9-5 T電力版（営業所長）ゲーム問題のマトリックス図

にしてとりまとめた。

　表9-2の「基本点」の箇所，および，さらに詳細な評価を行う"補足点"の箇所に，一部の問題の"評価基準"を掲げた。また，その右欄に，"問題のポイントと関連"を示した。この各問題相互の関連は，図9-5のマトリックスを用いて整理すると，理解しやすい（実際の運用にあたっては，相互関連の程度に応じ，◎，○，△等を書きいれる）。表9-2の一番右側の欄の"アクション・レポート例"は，各問題についての適切な反応の例である。ただし，これらは，各々の問題についての例であり，全体として見た場合には，いくぶんか矛盾することもありうることをつけ加えておく。

表9-2 T電力版（営業所長）ゲームの

ケース内容	ケースの概略（ ）は発信者	基 本 点	補 足 点
1. 営業課の欠員 (A)	（営業課長）営業課は実質2名の欠員。業務量は，管内営業所トップで，時間外勤務が恒常化し不満が出はじめている。年末にかけて業務量は増加する一方なので，他課から応援を求めたいが，ご判断をいただきたい。	+5 応援体制を組むことの明確な指示 +5 応援体制を組むため課長会議，関係者会議で相談の指示 　　　　以　下　略	+1 料金課からの応援，検針の委託化などの具体的指示
2. 食堂の件 (C)	（営業所内食堂経営者）前生活担当の方が，市内の食堂業者の車で，出て行くのを見てしまいました。何かたらないことがあったら言って下さい。	+2 綱紀の問題としてとらえ，事実関係の調査を指示 　　　　以　下　略	-1 総務係長に宛てたもの -1 単なる調査の指示
15. 委託検針の苦情 (C)	（需要家）メーター検針員に，夏と冬の料金が違うのかと問うた所，私は知らないから営業所の方へ聞いてほしいと言ってさっさと行ってしまった。一体どういうことであるか。	+2 即刻の対応の指示 　　　　以　下　略	
20. 事故分残 (A)	（料金課長）延長を提案中の「事故分残減少運動」に関して分会書記長から打診がありましたが，本運動を即撤回するか否か，ためらっています。所長のお考えをお聞かせ下さい。	+5 修正，撤回，実質棚上，凍結等，分会の立場，変則勤務様態の長期化に対する配慮が働いている内容の指示 0 単なる帰国後検討 0 交渉せよ 　　　　以　下　略	+1 処理にあたって所員への理解のさせ方，撤回修正に対する会社の考え方，分会への対応の仕方等に言及しているもの +1 営業課応援を関連させ明示しているもの
21. パトロールの廃止 (C)	（総務係長）主任以上の役職者による週3日半日のパトロール制をして来ましたが，みな相当な負担です。来週から一度廃止したいと思います。	+2 安全会議での検討，または一任 　　　　以　下　略	

（注）ケース内容の欄の（A）・（B）・（C）はケースの重要度を表す。第Ⅳ部「事例編」に実際の問題を抜粋して載せてある。

「評価基準」と「問題のポイントと関連」

問題のポイントと関連	アクション・レポート例　[　]は宛先,（添付）は書類添付を示す
「22.時間外勤務の恒常化」の営業課の要員問題，及び「11.町長の手紙」の内容と関連しており，総合してとらえる必要がある	［副所長］　営業課員の欠員に対する他課からの応援体制について，課長以上で協議されたい。この際サービス旬間行事や年末対策が特定の係に集中しないように配慮すること。また，山科桂子の慰留にも努めること。（添付）
	［副所長］　別添の親展の手紙の内容について個別に機会をみて，総務課長にその実態を内密に調査させて下さい。 調査内容①貴船さんの人柄と手紙内容の事実関係 　　　　　②食堂に対する職場の意見 帰国後報告を受けて処理いたします。
当社に対する問いかけであることを分別すること	［料金課長］　早速にお客様を訪問し，お詫びをすること，夏冬料金については，当然知っているべき事項であり，再発防止に向け，委託検針員に対する指導をお願いします。（添付）
	［副所長経由料金課長］　事故分残減少は重要であるが，運動開始後4か月を経過していること，延長について分会の強い反対があることを考えれば，一応打ち切るべきと思う。振替率の向上と同様に，これまでの運動の評価を行い，あらためて，新たな方策を講ずることを明らかにして打ち切りとすること。
	［総務課長・工事課長］　実態調査のうえ，対策を講ずること。マンネリであればチェックポイントを限定し回数を減らすこと等を安全会議で検討してほしい。(但し，全面廃止は好ましくない)　（添付）

(2) 「電力所長」のケース

つぎに紹介する電力所長用インバスケット・ゲームは，営業所長用ゲームの経験を生かして開発され，営業所長用より2年後れて実施されたものである。

対象は新任の電力所長，目的は管理能力の開発・訓練である。

基本的な構想は営業所長のケースとほぼ同じであり，ゲーム問題の構成も類似している。

したがって，ここでは，作成の過程やゲーム問題・評価基準の具体的な内容等については割愛させていただき，ゲームの概要の説明だけにとどめることにしたい。

「背景に関する情報」の作成

〔あなたのおかれている状況〕

あなたの氏名は駒井秀太郎です。

あなたはすでに，東日本電力の人事慣例にしたがって，10月25日，岩城支店須野原電力所長任用の示達をうけ，11月1日には辞令を交付されています。

しかし，あなたは，あなたが本社電力部技術第2課長として，幹事を務めてきた全電力欧州視察団の渡欧を11月7日（日）の早朝に控え，その準備に忙殺されています。加えてあなたは，今回の視察計画・準備の一切を仕切った責任者として，同行を命ぜられています。したがって，あなたの電力所への本格着任は，視察団の帰国する11月28日（日）の翌29日（月）となり，本件については岩城支店長も了解しています。

ただ，支店長としては，29日着任はやむをえないとしても，10月25日，今回人事の社内公示後，電力部幹部からも懸案事項だけでも処理していってほしい，との要望もあり，かつ，前所長が病気加療のため入院した10月9日以降3週間余，かなり問題も山づみしているとの判断から，渡欧不在中の指示方針をふくめ，一度あなたを来所させることを電力部長に要望，電力部長もその旨あなたに指示しています。あなたの日程によれば，本社所在地から200km近い須野原電力所であなたが案件を処理し得る時間は，11月6日（土）午後2時～5時の3時間がぎりぎりです。

〔電力所に関する情報〕

あなたの赴任する須野原電力所は，本社所在地から約200km，岩城支店管内の里側のほとんどと，北部へかけての山村をカバーしています。

設備，系統の概要は別紙（図9-6）のとおりですが，山側2電力支所をふくめての設備所管率は，送電線亘長比で60％，変電所数比では80％，年間の工事予算は75億円です。

地域の動向は，
- 須野原駅を中心とする都市再開発にともなうスーパー出店ラッシュ，ビルの大型化と市街化の周辺への拡大
- 坂部市郊外の日本自動車工業を中心とする関連産業団地の造成
- 大原市駅前整備にともなう地中化，市街化地域の拡大

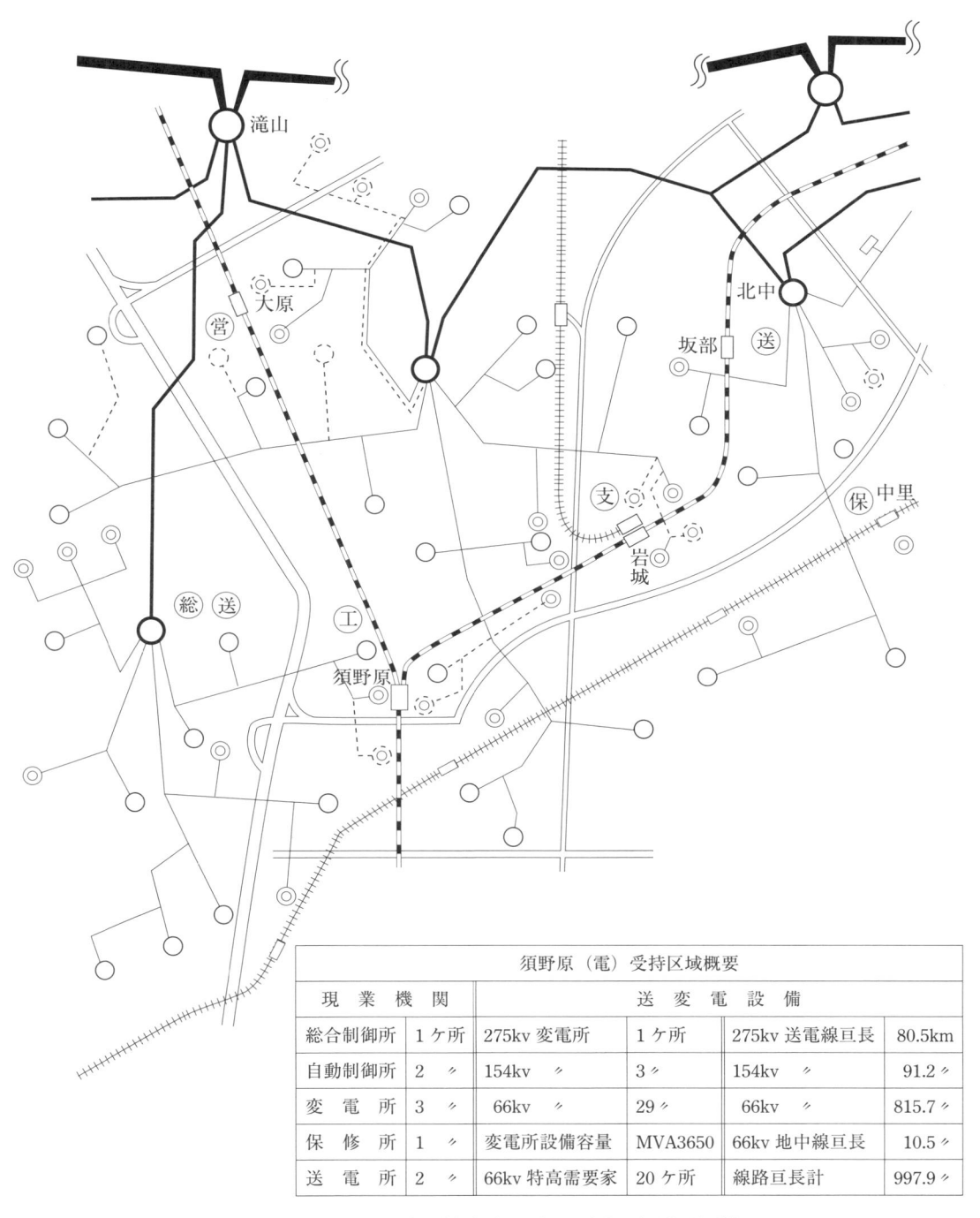

須野原（電）受持区域概要				
現業機関		送変電設備		
総合制御所	1ケ所	275kv 変電所	1ケ所	275kv 送電線亘長	80.5km
自動制御所	2 〃	154kv 〃	3 〃	154kv 〃	91.2 〃
変電所	3 〃	66kv 〃	29 〃	66kv 〃	815.7 〃
保修所	1 〃	変電所設備容量	MVA3650	66kv 地中線亘長	10.5 〃
送電所	2 〃	66kv 特高需要家	20ケ所	線路亘長計	997.9 〃

図9-6　須野原電力所管内略図（T電力版〔電力所長〕）

● 滝山村北部の精密工業団地計画

以上の他，送電線建設，嵩上げにともなうTVゴーストの問題はかなりの業務量となっています。

営業所は，須野原，大原，坂部をふくめ7営業所，行政区は7市20町村，総人口は50万人です。

〔現在の状況〕

さて，現在，11月6日土曜日午後2時です。

あなたは，須野原電力所の所長デスクにおり，未決箱のなかにある書類やメールの処理にあてることのできる時間は正味3時間です。

この未決箱のなかには，公式にあなたの指示や意思決定を求めるものもあれば，メモや私信にちかいものもあります。難易，軽重，緩急，さまざまな角度からそれぞれの案件，文書，メールに対しアクションを起こしてください。

この場合大切なことは，あなたが明日以降3週間の渡欧で連絡がとれないということです。したがって，あなたの意思が部下に正確に伝わり，その意思に従って部下の質の高い措置が期待できるように，誰に何を伝えるかをはっきりさせてください。その意思決定の理由を書いて，指示の内

表9-3 T電力版（電力所長）ゲーム問題
（インバスケット内の未処理書類）

〔問　題〕	〔日付〕
1. 大原営業所の電話	11月5日
2. 料亭新田中	11月5日
3. 結婚式の招待状	10月26日
4. 加倉井送電所長の意見	11月4日
5. 支部執行部	11月5日
6. 所内人事	10月26日
7. 清崎副所長の忠告	11月2日
8. 支部口頭申し入れ	10月29日
9. 中堅社員のメール	10月25日
10. アンテナの差額	11月2日
11. 紛れ込み	11月2日
12. 新聞記者	11月5日
13. 剣谷副所長の言い分	11月4日
14. 送電所中高年	11月4日
15. 町長の手紙	11月1日
16. 民謡同好会	11月2日
17. 目標管理の再協議	11月5日
18. 請負の苦情	11月4日
19. 設備計画委員会	11月2日
20. サークルリーダーの悩み	11月1日
21. 線下未補償	11月2日
22. 竹葉の喧嘩	11月4日
23. 安全総点検	11月5日
24. 請負担当者のメール	10月27日

表9-4 T電力版（電力所長）ゲーム問題の概略

ケース内容	ケースの概略　（　）は発信者
1. 大原営業所長の電話 (A)	（送電課運営係長　石原）本5日（金）16°50′大原営業所長より電話あり，山科線新設工事の権利未解決地主代表5人が，2日・4日・5日と営業所を訪問し，工事の中止等を要求したとのことです。
9. 中堅社員のメール (B)	（千鳥変電所　金子）私はどのグループにも入っていない故か，今も変電所勤務です。同期の者のように私も保修で仕事をしてみたいので，認定も2度受けましたが，合格させてくれません。出来るだけ早い機会に保修所勤務の機会を作ってほしいと思っています。
12. 新聞記者 (A)	（総務課　橋本）本日11月5日（金）16時頃岩城日報須野原支局の寺坂記者より所長に面会したいとの申し入れがありました。用件を伺ったのですが……。
13. 剣谷副所長の言い分 (C)	（副所長　剣谷）私は電力所というところは初めてで，よそは知りませんが，ここは何ともまとまりのない所ですね。まるで雑居ビルの別会社みたいなもんですよ……。
18. 請負の苦情 (C)	（岩城市川原町10　神谷重造）貴社はいったい請負のしでかした事故について，どのような責任をとるつもりか。

注）ケース内容の欄の(A)・(B)・(C)はケースの重要度を示す。

容がより良く部下に伝わるようにしてください。

なお，今日は出番の土曜日ですが，12時以降は，ある理由で，電力所の誰とも連絡はとれません。

　◆あなたは，須野原電力所長　駒井秀太郎です。
　　時は，11月6日土曜日午後2時。
　　あなたの本格着任は，11月29日月曜日です。◆

「ゲーム問題」の作成

つぎに「ゲーム問題」の作成にあたっては，電力所長の日常業務を余すことなく網羅し，かつ，将来的に起こりうる事態をもふくむ問題作りをめざした。現場の取材，ベテラン電力所長の意見等をもとに，24問を作成した。その表題を表9-3に示す。これらの問題は，電力所の運営に及ぼす影響度，他人および地域に及ぼす影響度，時間的制約度，追加情報の必要度，問題処理の困難度等において，いろいろと程度の異なる問題からなっている。また，それらの問題のなかには，相互に深い潜在的関連のある問題がふくまれている。一部の問題の概略を表9-4に掲載した。

「評価基準」の設定

われわれが採用した評価方法は，主に反応の内容面からのアプローチである。

まず，各問題においてとらなければならない適切な管理行動，あるいは反対に不適切な管理行動とはどういったものか，という点についてまとめた。その際には，プリ・テストとして現職のベテラン電力所長6名に実施したゲームの回答，各問題に関連する部門，および，インバスケット・ゲーム研修の担当者の意見を参考にした。

第10章 研修の進め方

　本インバスケット・ゲームを用いた営業所・電力所の新任所長研修は，図10-1に示すような2泊3日の日程で実施された。1回について10～20数名の集合研修として行われている。研修の手順は，つぎに示すとおりである。

1．事例研究（導入）

　　インバスケット・ゲームおよびパーソナリティのとらえ方についての導入および講義。

　ここでは，インバスケット・ゲームについてのかんたんな解説を行う。また，研修前に読み切るように渡しておいたパーソナリティに関する入門書についての補足説明を行う。これは，2日目午後のグループ作業の課題の1つである人物スケッチにおいて，登場人物の性格づけが求められるが，その時に役立たせようといったねらいもふくまれている。もちろん，この研修のみに終わらずに，職場においても，パーソナリティの知識が生かされることも期待している。

2．インバスケット・ゲームの実施（個人作業）

　〈課題〉　各案件について，措置とその理由を決定し，アクション・レポートを作成すること。

　ここでは，各個人ごとに，アクション・レポートを作成する。各案件の処理の順序・方法・時間の配分等は，すべて各個人に任される。

3．グループ・ディスカッション，およびそのまとめ

　〈第1課題〉　この営業（電力）所に内在する基本的な問題をいくつかあげ，将来に向かってどのような手をうっていくかを具体的に述べること。

	9　　10　　11　　12～13　　14　　　15　　16　　17 17.20
	30'
第一日	入寮 / 事務連絡 / 開講 / 事例研究（導入）
第二日	事例研究（個人作業） / 事例研究（グループ作業）
第三日	事例研究（全体討議） / 講評 / 閉講

図10-1　T電力新任営業所長・電力所長研修日程

〈第2課題〉 本事例に登場する主な人物について，スケッチすること。
〈第3課題〉 各案件について，措置とその理由を決定すること。

　この3つの課題が，グループ作業として行われる。各グループは，4〜8名からなり，職歴・年齢等を考慮して，できるかぎりバラエティに富む成員から構成されるように設定する。

　このグループ・ディスカッションのなかでは，各自が自分のアクション・レポートをもちよって，意見を交換し，討議をする。ここで，自分とは異なる職歴・分野の人の考え方や体験談にふれることで，今まで自分にはなかった視点をとりいれたり，あるいは，今までの自分のやり方を再認識することになる。この点が，このインバスケット・ゲーム研修でもっとも重要なところである。このグループ・ディスカッションで得たことが研修の成果であるともいえよう。第11章「追跡調査」に，この研修の成果をたずねる質問項目がもりこまれているが，そこで得られたコメントは，グループ・ディスカッション以降に関するものがほとんどである。

4．ディスカッションの結果についてのグループ別発表・討議・講師のコメント

　ここでは，3.の3つの課題について，グループ別発表が行われる。また，それをめぐって全員による自由な討議がなされ，講師がそれにコメントをつける。

5．このインバスケット・ゲームの設定状況においてとらなければならない管理行動とはなにか，ということについての講師からの解説

　講師が行うインバスケット・ゲーム研修の総括である。個人処理やグループ・ディスカッション，およびその発表に関連して，営業（電力）所長の管理行動はいかにあるべきか，といったことについてのコメントを，質疑応答をはさみながら行う。

第11章 追跡調査

われわれは，5年間にわたり，営業所長147名，電力所長41名の合計188名にインバスケット・ゲーム研修を実施してきた。その翌年，主としてその訓練効果を測る目的で，アンケート調査を実施した。諸般の事情により，人事考課等の資料を用いて，直接，いわゆる"訓練効果"を測ることができないために，受講生の声を集めることにより，訓練効果をうきぼりにしようという試みである。

(1) 方　法

1．対象者：186名（2名は，死亡等により，調査対象から除外した）。
2．調査方法：郵送法による質問票調査。回収率96.8％（180票）。
3．質問票：質問項目は16項目である。

(2) 結果および考察

個々の具体的な質問項目については，槇田・小林・伊藤「わが国産業組織における『管理能力の発見と訓練』についての研究──『訓練用インバスケット・ゲーム』の開発ならびに中堅管理者研修への適用──」（『組織行動研究』No.13, 1986）を参照していただくこととして，ここでは，いくつかの結果を簡潔に述べ，若干の考察を加えてみたい。

管理能力を，TS・HS・ASに区分して考える時，インバスケット・ゲーム（IBG）は，どのスキルの訓練・開発にむいているかを，"非常に有効"・"かなり有効"・"それほどでもない"の3段階で聞いた項目では，ASについては回答者の約50％が，またHSについては約40％が，それぞれ"非常に有効"としている。これに対して，TSについては約60％の者が，"それほどでもない"と回答した。全般的に見ると，AS・HSには有効であり，TSには有効ではないという結果となっている。これは，IBG研修の導入時に，IBGはASの訓練・開発のためのものであるという講義がなされたことの影響のようにも思われる。

しかしこの回答から，ただちに，「このIBGでASが身についた」とすることはできないようである。IBG研修の受講生のアクション・レポートを評価基準にしたがってスコアリングした結果を，受講生の専門分野別に詳細に検討したところ，配電・工事，営業を専門とする者の得点が高く，総務，労務，経理を専門とする者の得点が低いことが明らかとなった。このIBGでは，問題の中心が，配電・工事，営業・料金に関する案件となっており，その点が有利に働き，当該分野を専門とする者がより高い得点をえたものと考えられる。このことは，TSがこのIBGを行ううえで，欠く

ことのできないものであることを示しており，かなりの TS が身についてはじめて，AS も発揮され，また，AS の訓練・開発にもなることを示唆しているように思われる。また，TS が不足している者にとっては，TS が課題となり，この IBG が TS の訓練になったのではないかとも思われる。

つぎに，IBG 研修によって〈なにか〉が身についたかどうかを，自由記述法でたずねた項目では，「総合的な判断力」「判断力・決断力・分析力」「問題相互の関連の把握」「多角的な見方をする」といった AS の範疇に入るものから，「パーソナリティのとらえ方」「HS の面で役立っている，考えさせられた」といった HS に関するもの，そして，「営業（電力）所の知識・他部門の業務の勉強になる」といった TS に言及したものまで，回答は多岐にわたった。

また，"人によって問題の把握の仕方，解決の仕方がずいぶん違うものだということが実感としてよくわかった" という意見についての批評・感想を自由記述で求めた項目では，"そのとおりである" などと無条件に賛成した者が，回答者の約 45 ％ で 1 番多く，ついで "過去の経験・職歴等により異なる" "能力差を感じる" "個人の性格差を感じる" とした者が多かった。とくに，"過去の経験・職歴差"，いいかえれば，TS の差があったと解釈できる回答は，注目される。前にも述べたように，この IBG の主眼は管理能力の訓練・開発にあるわけであるが，かなりの程度の TS がその前提として要求されることを，この回答からもうかがい知ることができる。

ここで紹介した 3 つの質問項目などから，IBG の訓練効果の焦点は，従来 AS にあると考えられていたが，TS にも注目されなければならないことが示唆された。

第IV部
事 例 編

2種類のインバスケット・ゲーム，すなわち，
(1)　慶応産研版
(2)　T電力版（営業所長）
の資料一覧と，実際の資料の一部を，以下に紹介する。

　ここに掲載されているのは，インバスケット・ゲーム実施時に配布された資料・説明書・ゲーム問題（インバスケット内の未処理書類）などである。実際の資料は，便せんに書かれた手紙類などを除いて，Ａ４判の当該企業で用いられた用紙に書かれたものが多いが，ここではＢ５判に縮小し，やや形式を変えて掲載してある。

　以下の資料一覧のなかで，○印のものは第Ⅳ部に掲載されているもの（一部だけを載せたものも多い），△印のものは第Ⅱ部・第Ⅲ部に掲載されているもの（これも一部だけを載せたものが多い），●印のものは割愛したものである。

(1) 「慶応産研版」のケース（抜粋）

- ○ 〔0〕このゲームについて
- ○ 〔1〕あなたのおかれている状況
- ○△〔2〕会社，店ならびに担当部内組織図
- ● 〔3〕担当部週間管理誌
- ● 〔4〕今下期・来上期の目標メモ
- ○ 〔5〕アクションシートの記入について
- ○ 〔6〕アクションシート
- ● 〔7〕スケジュール表（行動予定表）用紙
- 〔8〕インバスケット内の未処理書類
- ○ 1. 生活科学センター懇談会出席依頼の件
- ○ 2. 外商集金応援の件
- ○ 3. 袋物，根本弘一書状の件
- ○ 4. 目玉商品好適品仕入申請
- ○ 5. 陳列器材購入の件
- ○ 6. 新P.B.；旧オリジナル商品の件
- ○ 7. 中国製婦人パジャマ流通情報
- ● 8. 人事打合せの件
- ○ 9. 傘売場取引先倒産？
- ○ 10. 出口けい子からの書状
- ○ 11. 新聞，投書の件
- ● 12. 管理職研修についての意見聴取依頼の件
- ○ 13. 商品成績検討会の件
- ○ 14. B台割り当ての件
- ○ 15. 千葉一子退職届け
- ○ 16. 品番会開催案内の件
- ● 17. DM案内状原稿
- ○ 18. 矢村次長労働組合講師の件
- ○ 19. 簡易包装苦情の件
- ● 20. 通路に商品積み上げの件
- ● 21. 女子2級職欠勤の件
- ● 22. 売上見通しの件
- ● 23. 持回り用専属車申請の件
- ● 24. ラミューズスカーフの値下げ販売の件
- ○ 25. 中国製パジャマ着荷時サイズの違い
- ● 26. 外部得招催内容変更の件

[0]

このゲームについて

これからあなたにやっていただくのは「インバスケット・ゲーム」(In-Basket Game) と呼ばれる一種のビジネス・ゲームです。「インバスケット・ゲーム」という名前は，管理者の机の上においてある決裁・未決裁箱 (In-Out Basket) に由来しています。

このゲームにおいて，あなたは新しく○○店の婦人雑貨部担当部長に就任し，その役割を遂行することを求められています。担当部長のインバスケットの中には，これから処理しなければならないメモや，手紙や報告書やその他もろもろの書類が，順不同に入れられてあります。それらの中には，相互に関連する情報もまじっています。

あなたは新任の担当部長として，インバスケットの中にあるこれらの処理事項に対し，それぞれなんらかの意思決定やアクションをとる必要にせまられています。

あなたは，ある限られた時間内に，それらの書類を検討し，その重要度や緊急度を考えに入れながら，必要に応じてみずから意思決定を下したり，計画をねったり，報告書や返書を書いたりします。また，部下に権限を委譲しその処理をまかせることもあるでしょう。場合によってはその処理を延期したり，無視したりすることも必要かもしれません。

さらに意思決定を下す前にもっと必要な情報を集めることに努力したり，上司や部下と話し合ったり，会合をもったりすることもあるでしょう。

要するにあなたは，このゲームにおいて担当部長としての管理行動やリーダーシップを，あなたの考えどおりに展開していけばよいのです。

あなたの手許には，つぎの資料が配られています。

(1) あなたのおかれている状況
(2) 会社，店ならびに担当部内組織図
(3) 担当部週間管理誌
(4) 今下期・来上期の目標メモ
(5) アクションシートとその記入方法の説明
(6) 行動予定表
(7) インバスケット内の未処理書類

このゲームの実施手順

まずはじめに，(1)の資料をよく読み(2)～(4)の資料を参考にして自分ならびに担当部が現在おかれている状況について十分認識をしてください。それから(5)，(6)の資料を読んでその記入方法を理解してください。

ここまですんだら，監督者から「始めてください」という合図があるまで手を休めていてください。その間「インバスケット内の未処理書類」には，絶対に手をふれないでください。「始め」の合図で，まず自分の時計を2時30分に合わせ，ただちにインバスケット内の未処理事項にとりかかってください。ゲームの時間は2時間半です。なお，ゲームの途中でも，必要と感じたなら，上述の各資料を参照してかまいません。

あなたのおかれている状況

1) あなたは，株式会社○○百貨店○○店婦人雑貨部の新任担当部長 浅野一郎です。去る1月20日付人事異動で○○店文化レジャー用品部代行次長（管・3）より昇格転任になりました。

2) 前任の担当部長 小山錬太郎氏は，目下海外に出張中であと2週間は帰国しません。

3) あなたは発令の日とりあえず○○店婦人雑貨部の各次長と顔合わせのあいさつをしたのみで，以後3日間は，旧部署の残務整理と引き継ぎをしておりました。

4) 本日は1月23日（水曜日）で○○店の定休日であり，現在時刻は午後2時半であります。

5) あなたが定休日にもかかわらず出社したのは，木曜日から新部署で執務すべきところ，以前からの予定である慶応大学ケースメソドセミナーに出席する必要があるからです。

6) セミナーは○○市○○ホテルで開催され，明24日（木）から7日間であり，会期中の外泊は許されず，電話の取次ぎもしないと申し渡されています。

7) 本日夜10時のセミナー集合に間に合わすためには，午後5時30分○○駅発の特急「○○9号」に乗車しなければならないので，遅くとも午後5時にはここを出発しなければなりません。

8) 定休日であるから部下はもちろん交換台も出勤していないので，連絡したり，電話をすることはできません。

9) あなたのインバスケットのなかには，未処理の多くの書類が入っています。そのなかには前任の小山担当部長宛のものもありますが，もちろん今となってはあなたが処理しなければなりません。

   あなたが○○へ出発する時間までに，できるだけ多くの事項を処理していただきたいのです。処理する順序はあなたの判断におまかせします。

10) あなたの所属にかかわる組織図，業績経過情報は別紙のとおりです。これ以外の一般的な条件は，株式会社○○百貨店の現実の状況で，常識的に判断していただいて結構です。

134　第IV部　事例編

〔2〕
会社，店ならびに担当部内組織図

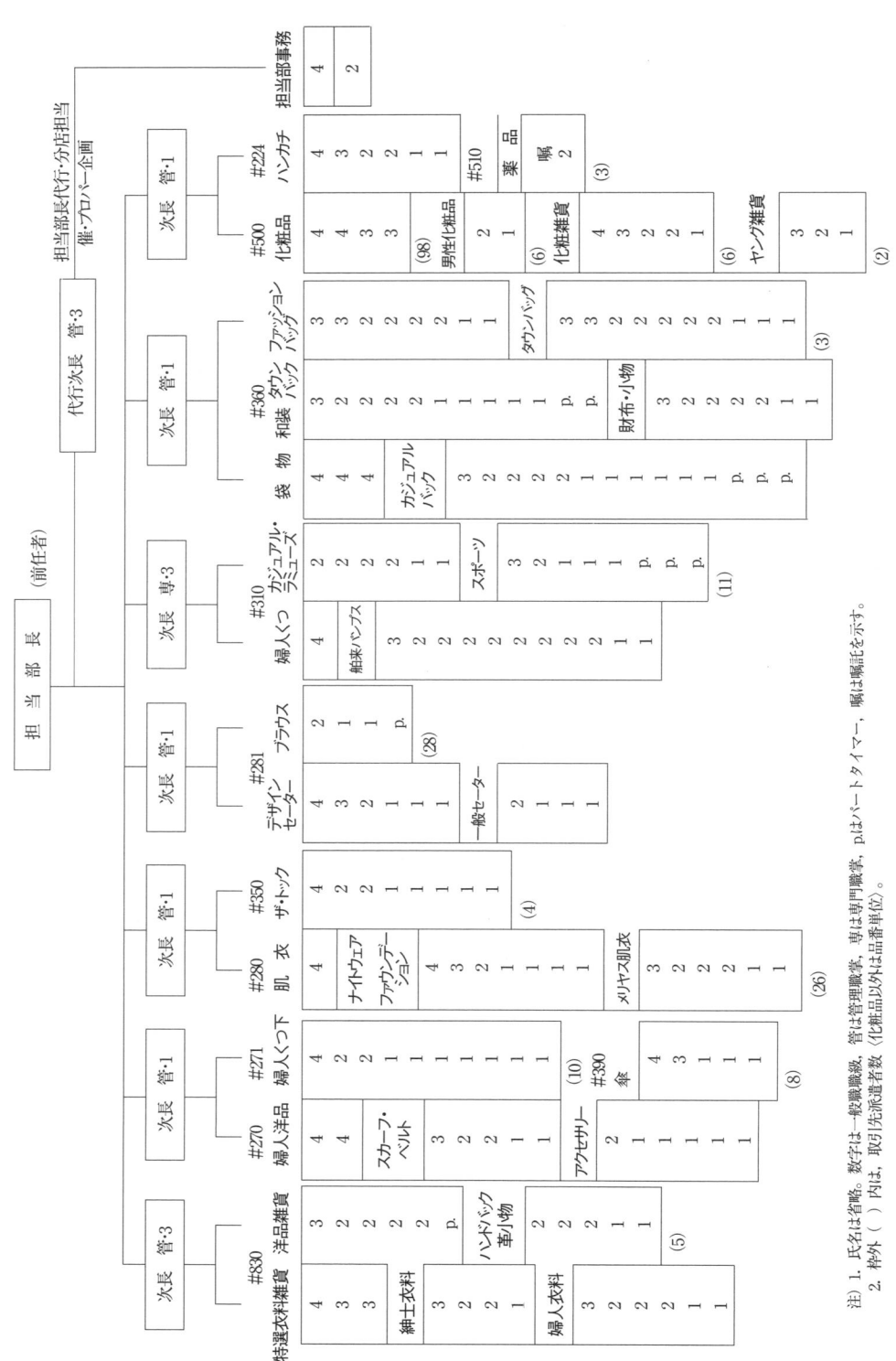

注) 1. 氏名は省略。数字は一般職職数，管は管理職職等，専は専門職職等，p.はパートタイマー，嘱は嘱託を示す。
2. 枠外（ ）内は，取引先派遣者数《化粧品以外は品番単位》。

〔5〕

アクションシートの記入について

1) あなたは，インバスケット内の未処理事項のおのおのに対し，あなたが適切と考えるなんらかの意思決定や，アクションをとるはずです。そこであなたが決定し，あるいはアクションをとったすべての事項を，なるべく具体的に要領よくアクションシートに記入してください。
　添付のカレンダーを参照しながらアクションの日程計画についても考え，スケジュール表に行動計画を記入してください。
2) あなた自身がどういうことをするか，どんな計画を立て，どんな書類を作成し，どんな手紙やメモを書くか。また，上司や部下や他の人びとに対しどんなことを指示し，あるいは言おうと思っているか，もし，会議を招集するならその会議の企画や議題についても書いてください。それに当てる時間も同時に記入してください。二つ以上の未処理事項が関連しあっていると考える時は，相互にその番号を記入してください。
3) もちろんあなたは，未処理事項のあるものについては，無視することもあるかと思います。その際は，アクションシートの項目欄に「無視」と記入してください。
4) 決定アクションを「保留」，「延期」した方がよいと考える場合はいつまで，または条件がどのようになるまで，保留・延期するのか簡単に記入してください。
5) 未処理事項は番号の順に処理する必要はありません。
6) 未処理事項の緊急度，重要度をつぎの基準で評価し，その記号をそれぞれ該当欄に記入してください。

〔緊　急　度〕
A………非常に緊急な問題
B………かなり緊急な問題
C………普　　通
D………緊急度の薄い問題
E………時間を十分かけて検討する問題

〔重　要　度〕
A………非常に重要な問題
B………かなり重要な問題
C………普　　通
D………重要度の薄い問題
E………重要でない問題

7) 重要度をAとした事項については1)〜4)による意思決定，アクションの記入に加えて，何故そのような意思決定をしたのか，何故そのようなアクションをとるのか，その理由についても（重要度をAとした理由ではなく，自分のとったアクションの理由）アクションシートに簡単に記入してください。

136　第Ⅳ部　事 例 編

〔6〕

アクションシート　氏名

	未処理事項	あなたの意思決定又はアクション，必要と思われる場合はその理由〔わかりやすく，箇条書にすること。内容さえ明確に把握できれば単語の羅列でよい。文章に気をつ〕

アクションシー

	未処理事項	あなたの意思決定又はアクション，必要と思われる

アクショ

	未処理事項	あなたの意思決定又はアク〔わかりやすく，箇条書にすること〕

22	売上見通しの件	処理の順番	緊急度	重要度
23	持回り用専属車申請の件	処理の順番	緊急度	重要度
24	ラミューズスカーフの値下げ販売の件	処理の順番	緊急度	重要度
25	中国製パジャマ着荷時サイズの違い	処理の順番	緊急度	重要度
26	外部得招催内容変更の件	処理の順番	緊急度	重要度

15	千葉一子退職届け	処理の順番	緊急度	重要度
16	品番会開催案内の件	処理の順番	緊急度	重要度
17	DM案内状原稿	処理の順番	緊急度	重要度
18	矢村次長労働組合講師の件	処理の順番	緊急度	重要度
19	簡易包装苦情の件	処理の順番	緊急度	重要度
20	通路に商品積み上げの件	処理の順番	緊急度	重要度
21	女子2級職欠勤の件	処理の順番	緊急度	重要度

8	人事打合せの件	処理の順番	緊急度	重要度
9	傘売場取引先倒産？	処理の順番	緊急度	重要度
10	出口けい子からの書状	処理の順番	緊急度	重要度
11	新聞，投書の件	処理の順番	緊急度	重要度
12	管理職研修についての意見聴取依頼の件	処理の順番	緊急度	重要度
13	商品成績検討会の件	処理の順番	緊急度	重要度
14	B台割り当ての件	処理の順番	緊急度	重要度

1	生活科学センター懇談会出席依頼の件	処理の順番	緊急度	重要度
2	外商集金応援の件	処理の順番	緊急度	重要度
3	袋物，根本弘一書状の件	処理の順番	緊急度	重要度
4	目玉商品好適品仕入申請	処理の順番	緊急度	重要度
5	陳列器材購入の件	処理の順番	緊急度	重要度
6	新P.B;旧オリジナル商品の件	処理の順番	緊急度	重要度
7	中国製婦人パジャマ流通情報	処理の順番	緊急度	重要度

（注）実物はB4判の大きさである。

(1) 「慶応産研版」のケース（抜粋）　137

　　　　　　　　　No.4
をつかわなくてもよい。〕
　　　　　ト　氏　名　　　　　　　No.3
ける場合はその理由
れば単語の羅列でよい。文章に気をつかわなくてもよい。〕
　　ョ　ン　シ　ー　ト　　　氏　名　　　　　　　No.2
アクション，必要と思われる場合はその理由
ること。内容さえ明確に把握できれば羅列の単語でよい。文章に気をつかわなくてもよい。〕
　　　ア　ク　シ　ョ　ン　シ　ー　ト　　　氏　名　　　　　　　No.1
　　　あなたの意思決定又はアクション，必要と思われる場合はその理由
　　　〔わかりやすく，箇条書にすること。内容さえ明確に把握できれば単語の羅列でよい。文章に気をつかわなくてもよい。〕

[8]
インバスケット内の未処理書類
1. 生活科学センター懇談会出席依頼の件

株式会社　○○百貨店
　△△店　店長殿
　　　　　　　　　　　　　　　　　　　1月16日
　　　　　　　　　　　　　　　　□□市立生活科学センター
　　　　　　　　　　　　　　　　　所長　村山　龍子　㊞

　　　　　　　懇談会出席依頼の件

拝啓　貴社ますますご隆昌のこと、お慶び申しあげます。
　弊生活科学センターに対しては、毎々積極的なご協力を頂き、心より感謝いたしております。
　さて、このたび下記のとおり、懇談会を計画いたしました。貴店より小売業界の代表としてご出席を得たく、婦人セーターご担当責任者を1名以上ご派遣くださるようお願いいたします。

敬具

　　　　　　　　　　（記）
1．日　時　　　1月28日（月）午後2時～4時
2．場　所　　　弊センター会議室
3．主　題　　　"ししゅう入りセーターの品質表示について"
　　　　　　　最近の流行で前身頃に、ししゅうをあしらったデザインが出回っておりますが、このししゅう糸の品質表示があいまいで、洗濯などのクレームが相次いでおります。そこで、この問題について消費者、業者の各代表と弊センターの意見の交換を目的としております。
4．出席予定者　糸メーカー、セーターメーカー、卸売、小売各代表
　　　　　　　市消費コンサルタント、消費者代表、弊センター

　なお、念のため1月24日（木）中に出席者のご姓名をお知らせいただきたくお願い申しあげます。

以上

※手書きメモ：
婦人雑貨担当部長殿
誰か必ず出席のこと
営統部長

2. 外商集金応援の件

連絡事項記録				No.
件名	外商集金応援について	回覧先	浅野担当部長殿	
出席者		期日	年 1月 22日	作成者 加納

例によって 外商集金応援を出すように人事部から要請（強制？）がありました。

31日に5人出せ との事ですが 当日はご承知の通り 部を挙げての "オール婦人洋品雑貨大会" の初日なので こちらが応援してもらいたい位です。

次長達に相談しよう、しようと思っている中に日がすぎてしまい、今日又催促を受けました。 皆に話を持ちかけても 断わられるのは 目に見えてますし、かと云って今更人事には 断われないし困っております。

部長のご判断をお示し頂くようお願いします。

株式会社 ○○

3. 袋物，根本弘一書状の件　#2

2.

布井さんも、新米が何をいうというような態度で取りあってくれません。新任の私がいいだしたのですからもっと丁寧な口をきいたら良かったのですが………。次長も外商へは人海戦術で足繁く通った方がよいなどといっておられます。私は一例として申し上げ、売場全体の体制を整えないといけないことを云いたかったのに……。少数精鋭主義に徹し、効率的に動いていくのが、我々の最大のつとめだと考えています。
部長のお力で何とかして頂きたいのです。

一月十日

袋物売場
根本弘一

3. 袋物，根本弘一書状の件　＃1

小山担当部長殿

1

この件につきましては、仲次長には二度ほど申し上げたのですが、どうも明確なはかばかしいお返事を頂けず今日に至りました。これ以上割切れぬ気持のまま過ごすのに堪えかねて、あえて直接部長にお手紙を差上げることにいたしました。

さて、私が悩んでおりますのは、私の品番での四級の職務分担があいまいで、ことごとに手間の重複や仕事の浅れが起こり非能率を生じていることなのです。例えば、信販部に対する売場の窓口は誰なのかはっきりしないため、三人いる四級駄が外商部で鉢合わせをしてみたり、反対にSL達の行うミーティングは誰も顔を出さずフォローもされていないなどのことです。四級同士話し合おうと私が口を切りましたが、西川さんも

4. 目玉商品好適品仕入申請

No. 1

連絡事項記録

件名	目玉商品好適品について御決裁の上ご指示を仰ぎたき件	回覧先	小山担長部長殿
出席者		期日	1月15日 作成者 俊田

婦人紳士靴取引先、日栄製靴(株)○○営業所長藤崎氏より申し出があり廃版もの婦人パンプス、カッター、スポーツシューズを特別に当社の為に見切り提供をするとの申し入れを受けました。[同品明細別表通り]

サイズはきれいに揃って居り、見本を見ましたが価格も安く、どれも益率二割は確實です。

何よりも、これだけの商品が(質・量共)まとまって話が来るといふのは珍らしいことですし、これだけあればこの半年の信用目玉、大目玉(単独催通販も含めて)探しに苦労しなくてすむことと、且實質的な目玉商品をお客様に廉価で提供出来ることは有難い事だと思ひます。

先方の條件は、一括取引の現金決済、返品なしで成約の上は、商品を出来るだけ早く引取って欲し

株式会社 ○○

5. 陳列器材購入の件

件名	陳列器材の購入につきお願い	回覧先	小山担当部長殿			
出席者		期日	年1月10日	作成者	仲	

　今期始めより、自主化売場として発足以来一番苦労して来ましたのは、人のやり繰りであります。切り替え時にせめて80％投入を要望しましたのに、結局70％で押し切られ、しかもパートタイマーが5名も入りました。自主化になっても相変わらず外部催や奉仕会など人手が分散する状況は一向に変わりません。パートタイマーも、仕事がきついと長続きしません。人事にもかけ合ってみましたが人手をふやすことより、売場のやり方を変えて合理化してみよのことばしか返って来ません。そこで、ジュニアバッグ、カジュアルバッグの所を思いきってオープン陳列にして何とかしのいでみたいと考えます。つきましては、オープン陳列用器材約10台を新調する必要があります。上期の什器購入予算には計上してありません。

　どうか管財との交渉をお願いします。

株式会社　〇〇

6. 新P.B.；旧オリジナル商品の件

連絡事項記録				
件名		回覧先	小山 担当部長殿	
出席者		期日	年 1月 17日	作成者 矢村

営業本部の指導で、次シーズンより○○○○○ブランドの婦人肌着を新らしく発売することに決定し、すでにマインド商事と川村メリヤスに発注済みです。ところで当店では以前からこの2社で当社オリジナルマークの肌着を作らせておりまして、現在約2,000枚の在庫があるはずです。両方を並列に売るとなれば互いに足を引っぱってしまいますし、商品には当社のマークがついておりますので、業者も処分に困ると予想されます。いかがすべきかまよっております。何かよい方法をお教えください。

株式会社 ○○

7. 中国製婦人パジャマ流通情報

連絡事項記録

件名		回覧先	小山 担当部長殿		
出席者		期日	1月17日	作成者	矢村

　先日通販カタログに目玉商品として選定、採用され（発送開始、本月下旬）ました中国製婦人パジャマ（デザイン3種、サイズ3種、色違い2種）の同一品が、コイズミの各チェーン店に、上代1,390円で出回わっております。

　仕入価格はチェーン店上代から見て、どう安く見ても1,100円、普通1,150～1,200円程度で仕入れているものと思われます。

　当方、仕入価格980円、店出価格1,280円が通販目玉ですので、価格としては何ら問題はないと考えています。

株式会社 ○○

9. 傘売場取引先倒産？

					No.
件名		回覧先	浅野担当部長殿		
出席者		期日	年 1月 22日	作成者	増澤

　今日午后、セーターの取引先山一商店の山下専務が来店した折の話ですが、傘売場の取引先である谷岡商事が倒産しそうだとかいうことでした。

　詳しい事は山下氏も知らないとの事ですが一応ご報告いたしておきます。

株式会社　〇〇

10. 出口けい子からの書状

部長様

出口 けい子

1

私の所属するハンカチ売場で、このあいだレジからお金を抜いた事件がわかり、戸山英子さんが退社したことはご存知と思います。ところが、それからも保安の人がやってきたり呼ばれたりして取り調べが行われています。売場では、みんなおたがいに疑いの目で見ているような空気になり、毎日気まずい思いをしています。特に私は戸山さんとしたしくしておりましたのでよけい皆さんから疑われているようでとても暗い気持です。いっそ、やめてしまおうかとも考えますが、それでは、ますます疑われる気がしてどうしてよいかわかりません。気のせいか次長さんもそういう目で見ていらっしゃるようでとてもこちらからお話しする気になり

11. 新聞, 投書の件　#1

株式会社　○　○

1　　　　　　　　　　　　　　　　　　　　　　No.

1月22日

婦人雑貨部、担当部長殿

　　　　　　　　　　　　　　　　営業統括部長　㊞
　　　　　　　　　　　　　　　　サービス部長　㊞

別添　調査確認依頼状の件
至急、調査処置の上　報告されたい。

サービス部長が持って来られました。

　　　　　　　　　　　　　　　　　　　㊞

11．新聞，投書の件　＃2

1月19日

株式会社　〇〇　△△店
　　店　長　殿

毎朝新聞社×××編集局
学芸部消費者問題担当
眞田　嘉久三

　貴社益々御清栄の段、お喜び申しあげます。

　早速ながら、今般読者より別紙の如き投書があり、弊紙として投書の事実があったか否かを確認したく、1月25日までにご回答の程願います。

　なお、当該投書が事実の場合、1月28日朝刊消費者欄記事として掲載のため、1月26日（土）午後取材に記者を差向けます。

　先ずはお願いまで。

以　上

11. 新聞，投書の件　＃4

4

事の次第はこうでございます。一月六日私共の知人がお嬢様の結婚祝のお返しにと云って○○の特選品売場で紳事の香水・ソープセットを私共宛に配達を依頼されたそうですが何時までたっても主人がおれを申しあげないので十五日○○へ問合せられたところまだとどけていないとの事だったそうで本人もたしかそれに何事やと大変憤慨され即刻とどけるように指示されたそうです。私共へはその日の夕方岡とゆう人が○○の特選売場の次長だそうですがやって来て「中込さんの依頼でお宅へ品物を発送したが とどけるまでの間に品物が行方不明になってしまい本日も放置したことになり申訳ない。品物は現在調査中でまだ見つ

11. 新聞，投書の件　#3

○写

毎朝新聞社
消費問題ご担当様

難波裕子

拝啓

貴紙ますますご発展のご様子お慶び申しあげます。

早速ですが今日お手紙を差上げたのは他でもありません。デパートのサービスについてでございます。

消費者の一人としてあまりにも非常識なやり方に憤りを覚えこのまま黙そりいることは良くないと考えて貴紙上をお借りして事態を明らかにすべきだと思い筆をとらせていただきました。

13. 商品成績検討会の件

連絡事項記録

件名		回覧先	浅野担当部長様
出席者		期日	年 1 月 22 日 / 作成者 齊藤

商品管理部長から電話がありました。恒例の商品成績検討会の件でした。今回は洋品とくつが商品成績全店ワースト30にリストアップされたそうです。2品番共益率は益々低下傾向で勿論予算未達、在高も予算をオーバーしているとのことで、1月31日午後1時30分に洋品、2時にくつについて商品管理部長が検討、話し合いをしたいから次長着同の上管統会議室へ来て頂きたいとのことでした。

株式会社 〇〇

(1) 「慶応産研版」のケース（抜粋）

14. B台割り当ての件

連絡事項記録

件名	B台の割り当てについて	回覧先	浅野担当部長殿
出席者		期日	1月22日
		作成者	加納

土・日奉仕のエスカレータ前奉仕台の件ですが、最近もますます好調な売上げを上げております。

1日1台で100万位は売りますが、そのため品番間で割り当て希望が多く調整に苦労しております。

本日も来月分の割り当てをしようとしましたが次長同士が奪い合いをして譲りません。激しい論争の結果これが貰えなければ予算も作れないなどと云い出す始末で浜田次長と矢尖次長はけんかを始めてしまいましたので、とうとう物分かれになりました。皆それぞれ予算のあてにしているようで一歩も後へ引きませんので困ってしまいました。

この上は部長命令で決めてしまうほかないと思いますので宜しくお願いします。日時を決めて頂ければ部内会議を召集します。

株式会社　○○

15. 千葉一子退職届け

退 職 届

　　　　　　　　　　　　　　　　　　　年 1 月 10 日

株式会社〇〇 △△店

　　店　　長　　殿

　　　　　　　　部署 婦人雑貨　部ハンカチ売場係
　　　　　　　　氏名 千葉　一子

このたび 一身上の都合 により　　年 1 月 31 日を
もって退職いたしたく，ここに保証人連署のうえお届けいたし
ます。

　　　　　　　本人 千葉一子 ㊞
　　　　　　　保証人 千葉 進 ㊞

入社年月日　年 3 月 26 日	勤務終了日　　年 1 月 23 日
退社年月日　年 1 月 31 日	退職理由（一身上の都合，家事都合の場合）のみ具体的に記入のこと
勤続年数　　年　月　日	家事見習，おけいこごとに専念のため ㊞
出身校	

―――――― 以下の欄には記入しないでください ――――――

人事部長	人事採用	人事教育	労務厚生	出欠勤係	退社係	所属担当部長

　　　　　　　　　　　　　　　　　年　月　日受理

16. 品番会開催案内の件

株式会社　○　○

品番会、行って楽しくやりましょう！
　　　　幹事　婦人靴　広元

婦人靴のみなさん、こんにちわ
　本格的な寒さを迎え、温泉でゆっくりと
いう　のも良いものです。
　婦人靴では恒例の品番会をあったかく
温泉につかって……と考えております。
　是非　お繰り合わせの上、ご参加下さい！

―――　品番会要領　―――

1. 日　時　　2月5日(火)夜　～6日(水)
2. 集　合　　長○駐車場　3番ゲート
3. 場　所　　○○温泉、○○閣
4. 目　的　　(1) 小グループ活動の推進
　　　　　　(2) 目標方針の徹底
　　　　　　(3) グループ目標の設定
　　　　　　(4) コミュニケーション、人間関係の円滑化
5. 参加者　　(1) 従業員
　　　　　　(2) 三栄親睦会
　　　　　　(3) その他

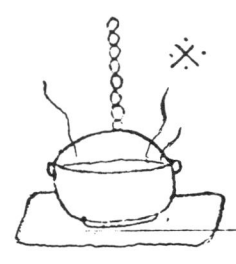

※　今回は部長は御招待させて戴きます
　　顔合せも兼ねて是非ご出席下さい
　　　　　　　　　　　　　　　　広田

18. 矢村次長労働組合講師の件

		連絡事項記録			No.
件名		回覧先	小山部長様		
出席者		期日	年 1 月 19 日	作成者	矢村

労組○○支部から内々で意向を問い合わせて参りましたので、ご相談申しあげます。

ことは、婦人苦情係懇談会の講師として、1月28日(月)、29日(火)の両日○○研修所には出向いてほしいというものなのです。

月末でもあるし、何やかやと用事も多いとは思いますが、私個人としては仕事をやりくりしてでも出てやりたいと考えています。

部長のご了承が得られれば出席の返事をしたいと思いますので、よろしくお願いします。

なお、組合は24日(木)中に確答をほしいと申しております。

株式会社 ○○

(1) 「慶応産研版」のケース（抜粋） 157

19. 簡易包装苦情の件　#1

No. 1

連絡事項記録					
件名		回覧先	浅野担当部長殿		
出席者		期日	年 1月 22日	作成者	竹内

かねてより、心配しておりました苦情がついに起りました。

店長宛 お手紙 ご覧のとおりです。

お客様には、とりあえず 4級職の津田を参上させ、お詫びをし、事情を説明しましたが、「こちらは もらった方で これで辛抱するにせよ、送り主の了解を得た上で 出なおしてこい。」とのことであります。

進物品の天掛け包装には、最初から小生は 気乗りしませんでしたが、営統部の指示とのことで 無理をして ふみ切ってこの始末です。日本人の進物習慣そのものが 非合理の上に立っている所へ 合理主義だけを 持ち込むことに 問題があります。若い人達の意見も 大切ですが、お客様は 若者ばかりでは ありません。苦情の始末は 始末として、直ちに進物の天掛け包装は 中止いたします。

以上 ご報告します。

株式会社　〇〇

19. 簡易包装苦情の件　#2

株式会社　○○

No.2

婦人雑貨部
　加納次長殿

　　　　　　　　　　　　　サービス部長㊞

添付の苦情につき　至急解決の要あり。

新担当部長の着任を待たず解決されたし。

　　　　　　　　　　　　　1/21.

竹内次長殿
　　　　　　　　　　　　　　　㊞加納

19. 簡易包装苦情の件　#3

No.3

拝啓　ますくご繁昌ご発展のことおよろこびゆーしあげます

早速ながら、このたび知人よりの進物で、○○さんから○

○堂の化粧石鹸詰合せを届けてもらいました。ところが、

これがはだかのままで、ふたの上に、伝票を張りつけた小さな

紙きれがのせてあるだけの、誠にそっけない姿でまいりました。

折角心のこもった贈り物も、こう姿では受取った方の気持も味

けなく、先方の好意も半減してしまいそうな気になります。

スーパーなどと違い、百貨店での買物は、ただ「物」をもとめるだけで

はありません。そこに何となく「こころ」とか「夢」のようなものを添

えてほーいと願うのが消費者の気持ではないでしょうか。いくら

合理化の時代とはいえこれではあまりに手を抜いたやり方で、

ひとさまにデパートからお届けすることも、うかつにできなくなっ

19. 簡易包装苦情の件　#4

東総５９－１４７
年 11 月 15 日

担 当 部 長
次　　　　長　　　各　位

営 業 統 括 部 長
総　務　部　長

　　　　　天掛け包装の推進について

　ゴミ公害、物資節約などの社会的要請から、商品の過剰包装が問題となり、当店でも、営業統括部においてこれに関するプロジェクトチームを発足させ対策を研究しているが、このたびその一環として、天掛け包装の実行を一層推進することにした。お持ち帰りの自需品はもちろんのこと、お届け品、進物品にも外箱、化粧箱などのととのつた商品であれば、天掛け包装を用いる様、徹底した指導をされたい。特に進物品については、慣習上の問題もあり一挙に実施しきれない所もあると思うが、売場ごとによく検討し、お客様より誤解を受けたりすることのないよう、十分な配慮をもつて実施に移されたい。

　　　　　　　　　　　　　　　　　　　　　　以　　上

25. 中国製パジャマ着荷時サイズの違い

〈至急〉　　　　　　　　　　　　　　　　　　　　No.

		連 絡 事 項 記 録			
件名		回覧先	浅野 担当部長殿		
出席者		期日	年 1 月 21 日	作成者	矢村

　着荷が遅れておりました通販目玉商品、中国製パジャマが漸く入荷しましたが、検収の結果、到着品サイズ内訳が発注数と大幅にくい違っていることが判明しました。

　通販の受注状況から予測して凡そ1,000着位のサイズ違いになると思われますが、

　入荷が遅れてしまったことは大変痛く、29日迄に通販に引渡しを完了しなければならないのに営業本部にも○○興業にも余分がなく困っております。

　至急ご指示くださいますようお願いします。

株式会社　○○

(2)「T電力版(営業所長)」のケース(抜粋)

- ● [0] インバスケット・ゲーム研修の簡単な解説
- △ [1] 現在,あなたのおかれている状況
- △ [2] 営業所組織および職務に関する情報
- △ [3] 会社・営業所組織図
- △ [4] 営業所管内略図
- ● [5] 措置記載用紙の記入の仕方
- ● [6] 措置記載用紙
- ● [7] スケジュール表用紙
-   [8] インバスケット内の未処理書類
- ● 1. 営業課の欠員
- ○ 2. 食堂の件
- ○ 3. 八坂副主任のメール
- ○ 4. 振替率の向上
- ○ 5. 請負事故苦情
- ○ 6. 副所長の手紙
- ○ 7. 管財委託員の問題
- ○ 8. 試験実施(KRT第2次改良型取付)
- ○ 9. 省エネ推進協議会
- ○ 10. 中高年の愚痴
- ○ 11. 町長の手紙
- ○ 12. 所長会議
- ○ 13. 移設要求
- ○ 14. 新聞記者
- ○ 15. 委託検針の苦情
- ● 16. 団地バザール
- ○ 17. 民謡部
- ● 18. 箸箱の会
- ● 19. 考査講評
- ○ 20. 事故分残
- ○ 21. パトロールの廃止
- ○ 22. 時間外勤務の恒常化
- ● 23. 結婚式招待状

[8]
インバスケット内の未処理書類
2. 食堂の件

所長殿

十一月五日

突然で済みませんが、私はこの営業所の食堂をもう十六年やらせていただいて居る者です。つい三日ほど前生活担当の貴船さんが、この市内の食堂業者の車でこゝから十二時少し前に出てゆくのを見てしまいました。私は個人又営業にも工夫し、何かと安くておいしいものをといっしょうけんめいやって来ました。私も長いので皆さんと個人的にもなじみになりそれがじまんでもあります何かいたらないことがあったら言って下さい。課長さん係長さんにおきゝしようと思ったのですが何かきゝにくくてきけませんでした。どうぞよろしくおねがいいたします。

津和野

3. 八坂副主任のメール

送信者： 地域サービス係　副主任　八坂
宛先： 琴平営業所長
送信日時： ○○○○年１１月２日○○：○○
件名： ○○○○○

　　所長殿

　私は前から係長に、用地の問題を新聞で取り上げてもらったらと言って来ました。係長は賛成も反対もしませんで、むつかしいなと言うだけですが、私は大分あると言われている仮供給の問題や、供給開始日に間に合わないことなど、この苦情では私も苦労しています。どれも用地が原因です。公道は自治体の規制が厳しく、どうしようもない訳です。電気は何とか送れても、仮供給ですから電話の共架もろくに出来ないので、電話も引けずに、お客様・・・・

　　　　　　　　　　　　　　　　　　　　　１１月２日
　　　　　　　　　　　　　　　　　地域サービス係　副主任　八坂

(2)「T電力版（営業所長）」のケース（抜粋）

4. 振替率の向上

送信者：　　料金課長　桂
宛先：　　　琴平営業所長
送信日時：　〇〇〇〇年１１月５日〇〇：〇〇
件名：　　　〇〇〇〇〇

　　所　長　殿
　　　　　　　　　　　　　　　　　　　料金課長　桂

　振替率向上運動は、今年度も重点計画として目標値を６０％におき、新集金方策に則り、各種推進事項を実施してきましたが、６月に至り前所長の指示で、職員１人１人の省力化、効率化に対する意識高揚をも狙い、月間１人１件成約運動が追加されました。しかし乍ら当営業所の振替率が５８％を超えていること、アパートを含む住宅開発がすすむにつれ昼間不在需要家が増大していること、集金との結びつきの強い農村部、旧市内住宅地を抱えていること等を考えますと、月間１人１件（特に料金課員は２～３件）の成約は、見た目程、容易な数字ではありません。

　急激に落ちこみ、１０月に至っては料金課職員分を除けば、成約は１０件に達しませんでした。今年度末を控えて、各課の業務は増大する一方です。ただでさえ急速な住宅開発で繁忙を極めている当営業所においては、各課の成約件数の極端な低下は、あながち本運動に対する職員のモラールの低下とのみ云いきれない・・・・

5. 請負事故苦情

琴平営業所長殿

前略

　端的に申し上げて、貴亜は工事の付託会社として請負のしでかした事故をつつて、どのような責任をとる積りか、又日頃どのような指導をしているか、是非ご説明願いたい。

　　　　琴平市花寺町北16番地

　　　　　二条　碩

　　　　11月5日

6. 副所長の手紙

所長殿　　　　　　　　　　　　　　　　　　　11月2日

　　　　　　　　　　　　　　　　　　副所長　宇治

　私は、当営業所の副所長です。実は北野前所長在任中課長会議で、所長から自己啓発とモラールアップのためにも結果として成ることで故、各係毎に副主任を中心として中堅の小グループを作り、今後の地域対応のありかたというテーマで、グループ夫々が職場に合った具体的テーマで研究し発表し合うよう指示があり実施することとなりました。そして私が、その運動の推進の主査になりましたが、各職場とも日常業務に追われ追われている始末で、研究グループのロードも相当になると思いますし、それどころではない気がしております。決ったのは、10月10日頃だったと思いますが、その後北野前所長が入院されたので、決ったままになっています。昨日2、3の課長から中止を相談されたのですが新所長のお考えは如何ですか。私も中止した方が良いと思っています。北野前所長は余りに特命や指示が多く皆困っています。私も用地交渉のプロジェクトチームの責任をまかされ、所内に関係係長、主任によるプロジェクトチームを作りましたが、皆それぞれの仕事が忙しくてもっかくなるとみな私のところへ持ち込まれチームを作ってもうまく働いてくれませんし、今では用地交渉専門みたいになって最近では先日起きた損害賠償がらみいった苦情

7. 管財委託員の問題

所長殿

　去る26日実施された本店考査で用地交渉業務について指摘がありました。私はかねがねあの委託員は元社員だということで甘えがあり、成績も良くないと思っていました。管財担当の醍醐君もやりずらいと言ってこぼしています。東日本不動産に言って人をかえてもらったらと課長に言ったのですが、良く指導して様子をみたらと言われ、良く注意したのですが、やはり駄目です。人を替えてもらおうと思いますがどうでしょうか。
　東日本不動産の課長は、私の元上司で良く知っている人なので私が話しをしてもいいです。

　　　　　　　　　　　　　　11月〆日
　　　　　　　　　　　　　総務係長　西山

8. 試験実施（KRT 第2次改良型取付）

営業所長殿

　　　　　　　　　　　配電課長　　北山
　　　　　　　　　　　計画係長　　大原

　K.R.T.第2次改良型取付の試験実施に関し、一昨日支店から、実施受入れについての確認を求めて来ました。
実は、本件については前所長が期はじめに支店に内諾したもので、この種試験実施をすることは計画係としても突然の市からの移設要求とあわせかなり忙しくなりますが関係者の自己啓発、モラルの向上をはかりたいというが前所長の日頃からのお考えでありましたし、私も全く、そのとおりだと思っています。
　落成は期中、工量は約8,000ですが未経験のため多少準備もいりますので即刻ご了解得て支店と具体的な話しに入りたいと思います。
　なお設計係長は供給、移設で手一杯でとても手がまわらないと言っていますが配電課長は了解してくれました。前所長のお考えで内諾したものですから是非実施して当営業所の実績にしたいと考えます。是非ご了解をお願いします。

9. 省エネ推進協議会

11月2日

営業所長殿

　　　　　　　　　　　営業課長 伏見

　○○年度下期業務計画の補正の際、管内地域の官公署、鉄道、ガス、水道、自治会連合会などによる省エネルギー推進協議会結成が計画され、11月24日(水)サービス旬間行事として設立総会を開催する予定で準備をすすめて来ました。
　まだ、一部にしか連絡はしていませんが、副所長に代行していただきましょうか。

　　　　　　　　　　　　　　　　　以　上

10. 中高年の愚痴

所長殿

　私は工事監理係の副主任をしております丸山です。私は54才になりますが、私の同僚はみな係長になっています。主任もこのごろは若い人がどんどんなって、そのときは私もなやみます。同じ職場の熊野主任は前の委員長ですがよく私のことを心配してくれて係長にも言ってくれます。仕事もいっしけんめいやっています。もし仕事がおそいと言われましちがそこをがんばっている訳です。それにしても会社は設計のことをどう思っているのですか。積上げ設計の足らないことや他発設計のおくれなどから請負のしごとのあんばいがうまくゆかないので、ヤツヤすいように付託してやりたいのですが、私のような付託担当でもどうにもなりません。請負も本当に困っています。うちの検収員も1人たりないし、その上料金の分の振替事のことでやらされてみんな大変です。自分のしごとでいっぱいなのです。でも私は2件とりました。係長は検収の人の分をやっています。こんな状態なのに熊野主任の言うにはこんどのサービス旬間には私達も大分動員されそうです。前の所長は全員参加がおとくいですが、私たちだって仕事があるわけで分会がこれをうければおかしいと言っています。サービス旬間ですからしかたがないと思いますが、やはりおかしいとおもいますが、おかしいところもあります。

11月2日
丸山

11. 町長の手紙

晩秋の候、貴社益々御清栄のことと存じ候
小生西山城町の町長を勤むる者にて三年程前より
貴社営業課に奉職致し居る入倉順子の伯父に候
右順子先日拙宅へ罷り越し候折、只今通学中の
料理学校も業務多忙のため遅参致し勤務僅をならぬと
申し候故相勤め候間は会社や一人に考ふべき事同輩に
迷惑相掛け事、赤々縁あって奉職致せし事故軽々に
振舞う事無き様と申し置き候若し有らば第一情
御賢察の上御高配賜り度
伏て御願い申し上げ候
貴社益々御繁栄を御祈り申し上げ候

十一月三日
琴平営業所
所長殿

相国拝

敬具

追伸　本人には、本書状に付、本人には此内分に取扱被下度に願い申上候

12. 所長会議

送信者： 総務課長　堀川
宛先： 琴平営業所長
送信日時： ○○○○年11月4日○○：○○
件名： 連絡メモ

　　所　長　殿

　　　　　　　　　　　　　　　　　　　　　総務課長　堀川

　11月4日、支店総務課より、所長宛に、営業所・電力所長会議が開催される旨、電話がありました。

1．日　時　　11月29日（月）午前9時より
2．場　所　　支店会議室
3．議　題　　(1) 店所長会議の概要
　　　　　　　(2) 年末年始対策について

　所長が会議に出席される場合の資料を作成しておきますので、お気付のことがありましたらメモしておいて下さい。

　　　　　　　　　　　　　　　　　　　　　　　　　　　　以上

13. 移設要求

営業所長殿

11月1日
設計係長 嵯山戈

　琴干市中心部から西山城町に伸びる市道の郊外部分の拡幅が急に決まり、期中落成で移設要求が来ています。その規模は地中線部分も入れて50,000工量程度で、12月10日〜15日の設計がギリギリです。

　ところが、このところ年内の供給工事が急激に増加、2名の新人を抱えた当係としては、供給工事自体も遅れ遅れになっているのが現状です。このままですと本件移設の設計にも対応のしようがありませんので止むを得ず8月、計画係に行った元設計の副主任吉野君を応援に頼んだのですが、計画係長は吉野副主任には前所長が内諾したKRT第2次改良型の試験実施をさせるの、何のかのといって貸してくれません。ついでたら申し上げますが、今の設計には試験実施にまで、手がまわせる程正直いって余裕はありません。設計としては、何よりも年末年初、期中の落成予定工事に対応すること。できれば少しでも設計書を積み上げることが、当面の課題だと思う。

14. 新聞記者

送信者： 総務課長　堀川
宛先： 琴平営業所長
送信日時： ○○○○年１１月６日○○：○○
件名： 連絡メモ

　　所　長　殿

　　　　　　　　　　　　　　　　　　　総務課長　堀川

　昨日５日（金）の夕刻、山城日報琴平支局の三条様から電話があり、月曜日（８日）に来社するとのことです。
　用件は、供給の遅れの問題のようです。
　お客さまのお名前など聞いたのですが、団地の中に電気の入らないところが、かなりあるのではないかというような口振りでした。
　所長は不在になると伝えました。
　なお、副所長に話をしましたところ、ご自身が出向くとのことです。お気付のこと、注意などありましたらメモしておいて下さい。

15. 委託検針の苦情

琴平営業所長殿

本日午後来宅した貴社メーター員に、夏と冬の料金が違うのかどうか伺うた所、私は知らないから営業所の方に聞いてほしいと言って、さっさと行ってしまった。

東日本電力ともあろう大会社でしかも独占企業が従業員にこんなことも教育していないとは一体どういうことであるか。

しかも、その態度申し訳ありませんの一言もない。彼女にはもうメーターを見て欲しくない。責任ある回答を求める。

十一月二日
東山城町一東寺丁番地
大文字 佐太郎

17. 民謡部

――― メ モ ―――

営業所長 殿

　文化会民謡部では、本年最後の活動として下記により琴平市の民謡同好会主催による発表会に部員20名が参加する予定です。
　つきましては、ご着任早々で何かとご多忙とは存じますが、この発表会にご出席をいただければ光栄でございます。
　なお、発表会終了後ささやかではございますが新所長に歓迎の意を表したいと思います。

記
1. 日　時　12月5日(日) 13時～17時
2. 場　所　市民会館

民謡部長
集金係　壬生一郎

20. 事故分残 #1

11月5日

営業所長殿

料金課長　桂

　先日、分会書記長から現在期間の延長について、提案中の「事故分減少運動」について、会社側の検討がどうなっているか聞かれました。

　本運動は、課大の重点事項として課内副主任以上全員が、月間休日1日、出勤日の工曜日1日の時間外、週2日の夜間出勤という体制で7月からスタート、9月末終了の予定で実施に入ったものです。

　目標は当初の残2,000余件を1,500件台にすることにおき、全員の努力で9月残では1,600件台になりましたが、10月から漸増傾向となり、11月は1,800件近い数字になりそうです。しかし、昼間不在の多いミニ開発住宅、アパート等を中心とした異動の増がかなりあったと考えれば、充分良質な数字だとみて差しつかえないと思います。私は当初本運動は結果の如何にかかわらず、9月末をもって打切り、適当な時期に即収率の向上を中心とした全所大の運動として展開すべきと考えておりましたが、前所長の強い指示で更に12月まで期間を延長することになったものです。

　10月初旬、急きょ組合に提案しましたが、分会として強い難色を

20. 事故分残　＃2

示したのは勿論で、大中な修正を迫られ、その対応中に、前所長が入院され、そのまゝになっていたものです。私の感じですが、分会には今迄になく強い態度がうかがわれます。

　私は本来的に、このような例外的な勤務態様をもつ運動を長期に亘って実施することについては疑問を持っています。しかしながら所長の指示による重点事項として部下にも納得させ、組合にも提案した本運動を即撤回することにも なお ためらいを感ずるものです。

　所長のお考えをお聞かせ下さい。

　　　　　　　　　　　　　　　　　　　　　　　　以上

21. パトロールの廃止

所長殿

11月2日
総務係長 西山

　今年の8月請負の事故以来、所長指示で主任以上の役職者による週2日半日のパトロール制をしてきましたがしかも技術系だと身びいきになると言うので事務系だけでやっていますけれど配工の主任や中堅級が補佐とか運転手として同行するのでこの負担も相当のものです。安全のことなので誰も表立って文句を言いませんが陰ではこぼしています。このような実態でやっても効果があがらないと思いますので、ひと思いに来週から一度廃止したいと思います。

22. 時間外勤務の恒常化　#1

11月4日

所長殿

　　　　　　　　　　　総務課長　堀川

　去る2日、寺ノ内分会委員長より内々で営業係、料金係、設計係の、この2〜3か月の時間外の恒常化、特に営業係の要員問題について、会社としてどう対応しようとするのかを聞かれました。

　新所長と相談の上、返事をすると言っておきましたが、実態と意見を申しあげれば次のとおりです。

1. 営業係、

　去る10月1日付で入社2年目（営業未経験）の女子を総務係から配転させ、営業係の要員上の欠は1名です。（結果として総務1名欠）　しかし、男子副主任大徳寺（52才）が、9月10日以来、肝硬変で入院中で、診断書によれば年末まで入院加療を要するとのことなので年配でもあり、年度中は実質的には2名欠とみて良いかと思います。対応としては支店との交渉ですが、今年は他の営業所も要員不足気味で思うようにはかどっていません。早急な手当の期待は無理です。所内対応では検討

22. 時間外勤務の恒常化　#2

委託化の拡大で委託化率は端数分で少々オーバーしますが、2名確保することができます。ただし、組合との話し合いが必要です。

ご決断いただければ料金課長に話を持ちこみます。委託確保については土地柄1〜2週間あれば充分です。

なお、営業係の入社2年目の女子、山科桂子が家庭の都合で辞めたいと言っているそうですが、来年3月一杯までということで営業課長が説得中です。

（追記）

課長はおおざっぱのようですが、神経は細やかで課員の信望も厚くなんとか慰留出来るとは思いますが、係長は仕事一途の上細かすぎるため係内には反感も多く、先日も係の旅行に行く、行かないでもめたのもそのためと聞いています。課長の説得で旅行へは行ったものの係長に対する気持が変った訳ではなく、とくに女子の場合は感情的になりやすいので、山科桂子の場合もいっどうなるか多少の不安が残ります。

2、料金係

要員の過不足はありません。料金課長によれば料金の問合せトラブルの急増と、振替率向上、事故分残減少化

22. 時間外勤務の恒常化　＃3

運動などによるしわ寄せで、原因は承知しているとのことです。
料金課長は新所長と相談するといっております。
3. 設計係
　年初の要員と比較して過不足はありません。
　ただし、8月20日の異動でベテランの副主任2名が転出、新人投入のための設計力の低下は否めない事実です。先日、工事課長と設計係の問題も含め、作業係からの机上への引揚げについて話しました所、宿直ローテーションが6日を割ることについて、かなり強い難色を示していました。因みに作業係の宿直ローテーションは現在 6.2日で工事管理係は要員1名欠となっています。

参 考 文 献

Allport, G.W. : *"Personality : A Psychological Interpretations"* Henry, Holt and Company, 1937.（詫摩武俊ほか訳『パーソナリティ』新曜社，1982.）
朝日新聞 2007 年 5 月 19 日号：「変転経済　さらば日本型経営」．
二村敏子（編）：『組織の中の人間行動』（現代経営学 5）有斐閣，1982.
岩熊史朗・槇田　仁：「WAI 技法を用いた自我の実証的研究(2)」『組織行動研究』No.28，1991.
Katz, R.L. : "Ski11s of an Effective Administrator" *Harverd Business Review*, 1974, Sep. −Oct., 90–102.
川喜田二郎：『発想法』中央公論社（中公新書），1967.
Kluckhohn, C., Murray, H.A. & Schneider,D. (Eds.) : *"Personality in Nature, Society and Culture*, 2nd ed." Knopf, 1953.
小嶋謙四郎・槇田　仁・佐野勝男・山本和郎：『絵画空想法解説』金子書房，1978.
槇田　仁：『SCT 筆跡による性格の診断』金子書房，1983.
槇田　仁（編著）：『パーソナリティの診断　総説　手引』金子書房，2001.
槇田　仁・岩熊史朗：「WAI 技法を用いた自我の実証的研究(1)」『組織行動研究』No.25，1990.
槇田　仁・小林和久・伊藤隆一：「わが国産業組織における『管理能力の発見と訓練』についての研究―『訓練用インバスケット・ゲーム』の開発ならびに中堅管理者研修への適用―」『組織行動研究』No.13，1986.
槇田　仁・佐野勝男：『基本生活領域の診断』金子書房，1972.
槇田　仁・佐野勝男・関本昌秀・荒田芳幸：「わが国産業組織における『管理能力アセスメント』の研究―『インバスケット・テスト』の開発とその選抜使用可能性の検討―」『組織行動研究』No.8，1981.
三隅二不二：『リーダーシップ行動の科学』有斐閣，1978.
大沢武志・芝　祐順・二村英幸（編）：『人事アセスメントハンドブック』金子書房，2000.
労務行政研究所（編）：「管理職の登用・選抜手法―各種アセスメントの内容と活用事例―」『労政時報』別冊，1981.
産経新聞 2007 年 7 月 30 日号：「やばいぞ日本」．
佐野勝男：『性格の診断―人をみぬく知恵―』大日本図書（現代心理学ブックス），1965.
佐野勝男：『多面観察の発想』徳間書店，1976.
佐野勝男・槇田　仁：『精研式文章完成法テスト解説―成人用―』金子書房，1960.
佐野勝男・槇田　仁：『精研式主題構成検査（TAT）解説―成人用―』金子書房，1961.
佐野勝男・槇田　仁・坂部先平：『精研式パーソナリティ・インベントリィ　手引　第 3 版』金子書房，1997.
佐野勝男・槇田　仁・関本昌秀：『慶応産研式モラール・サーベイ』金子書房，1968.
佐野勝男・槇田　仁・関本昌秀：『新・管理能力の発見と評価』金子書房，1987.
佐野　守・若林　満（編）：『経営の心理』（シリーズ現代心理学 8）福村出版，1984.
関本昌秀：「管理能力の発見とインバスケット・テスト［Ⅱ］」『慶応ビジネス・フォーラム』15，27-47，1975.
関本昌秀：「管理能力の発見とインバスケット・テスト［Ⅲ］」『慶応経営論集』1，1-20，1979.
関本昌秀（編）：『人事の時代』ダイヤモンド社，1980.
関本昌秀・平尾洋一・畠山泰雄・望月良三・今野勝利：「管理能力の発見とインバスケット・テスト［Ⅰ］」『慶応ビジネス・フォーラム』10，1-33，1971.
関本昌秀・佐野勝男・槇田　仁「わが国産業組織における『管理能力アセスメント』の研究―『日本版インバスケット・テスト』の開発をめざして―」『組織行動研究』No.2，1977.
Szilagyi, A. D., Jr. : *"Management and Performance"* Scott, Foresman and Company, 1981.
von Der Embse, T.J. : "Choosing a Management Development Model" *Personnel Journal*, 1978. Oct.
若林　満：「人材育成システムの機能と評価」『月刊リクルート』1980，10.

あ と が き
──インバスケット作成・実施上のノウハウと補足──

「あとがき」にかえて，本文で言いおとしたインバスケット作成上，あるいは実施上のノウハウについて，いくつか箇条書きにあげておく。

(1) 既述のように"T電力版"のケースも社内外の条件の変化に対応するため毎年改訂を行ってきた。具体的にいうと"技術革新による日常業務の変更""時代に対応した組織変更""経営方針の変化""それらに対応するための研修システムの改革"等々である。

もちろん，それらに対応して即時にケースの中身を変えなければならないわけではない。そのためにも東日本電力にしてあるわけである。しかし，研修の目的からいって，組織が変わり，経営方針が変わったら，当然，その線にそった研修が必要である。

という次第で，ほとんど毎年，新しい案件をつくり，古い案件と入れ替えたりしてきた。こういうことが比較的かんたんにできるのも教育・訓練用なればこそである。これこそが「自社版」をつくる大きなメリットの1つと今さらながら自分で感心したりした。

しかし，それには自ずから限界がある。つまり，すげかえるのがそのケースの周辺的なアイテムならば問題はないが，それが骨格をなすような問題の時はケース自身にヒビが入る。したがって，その場合は抜本的につくりかえるより仕方がないということになる。

ゆえに，新たにケースをつくる時は，この点を考慮に入れて作成したほうがよい。

具体的にいえば，骨格は変えない。逆にいえば，かんたんに時代の影響を受けないような基本的な問題（案件群）で中心部をつくり，技術革新，制度変更などの影響を受けやすいものは周辺部に比較的孤立した形で入れておく。たとえばヒューマン・スキルがらみの，人と組織が絡んだような，いわば永遠のテーマを核にし，時代の影響を受けるTS的あるいは"キワモノ的"な問題を独立にしておく。そうすれば，その時々に必要なものをすげかえても中心部は影響を受けずにすむ。

(2) 試作過程で得た種々の案件のネタは，整理して，ストックとして蓄えておく。

(3) それを大がかりにして，パラレル・シリーズをつくっておけば，ルーチン化した場合にはベターであろう。

(4) また，研修部のスタッフの人事異動を考えたマニュアルづくりをしておけばなおよい。

(5) 当初の研修はインバスケット・ゲームというスタイルをとったために，そこからくる制約がいろいろあった。

　　　主なものを列挙すると──
　　①個人作業3時間という条件を考えたため，研修の時間割の組み方が窮屈になった。
　　②1人で3時間という条件のため，案件の数，複雑さが制限された。これは集団で長時間

かけて検討するという方法とは相反する。
　　③アクションシートに案件ごとに答えを記入させたため，文章化にかなりの時間とエネルギーをとらせた。

(6)　以上の点を考慮して，今後はかなり異なった方法を考えている。
　　主な点をあげると——
　　①グループで長時間検討するのが本番という前提に立って，案件数もふやし，構成も複雑にする。
　　②そのかわり個人の予習の時間をタップリとる。
　　③アクションシートはグループ討議のためのメモとする。

(7)　以上の点からもわかるように"訓練用インバスケット"の"自社版"をつくるということの利点は，あくまで，その企業の研修目的に適ったことをするための道具として"いわゆるインバスケット方式"という体裁を借りるということである。
　　したがって，その線にそって，いくらでも"くずして"使えばよいと考えている。

著者紹介

槇田　仁　MAKITA Hitoshi
- 1926 年　山梨県生まれ
- 1950 年　慶應義塾大学文学部哲学科卒業
  同大学院，東京少年鑑別所技官，中京大学講師，精神医学研究所心理室主任を経て
- 1964 年　文学博士
- 1971 年　慶應義塾大学文学部教授
- 現在　慶應義塾大学名誉教授，槇田パーソナリティ研究所理事長・所長
- 専攻／パーソナリティ，人事・組織心理学，臨床心理学
- 主著書／『パーソナリティの診断Ⅰ・Ⅱ』『パーソナリティの診断　総説　手引』『文章完成法（SCT）によるパーソナリティの診断　手引』『精研式文章完成法テスト（SCT）解説』『精研式文章完成法テスト（SCT）新・事例集』『SCT筆跡による性格の診断』『新・管理能力の発見と評価』『慶応産研式モラール・サーベイ』『精研式主題構成検査』『Dosefu Test 基本生活領域の診断』『絵画空想法入門』『絵画空想法（PRT）　手引』『価値興味検査　Dosefu グループ・テスト　手引』『精研式パーソナリティ・インベントリィ　手引』（以上，金子書房），『筆跡から性格がわかる』（講談社ブルーバックス）他

伊藤　隆一　ITO Ryuichi
- 1953 年　東京都生まれ
- 1983 年　慶應義塾大学大学院社会学研究科社会学専攻博士課程満期退学
- 1991 年　社会学博士
- 現在　法政大学工学部教授，槇田パーソナリティ研究所理事・運営責任者

小林　和久　KOBAYASHI Kazuhisa
- 1957 年　群馬県生まれ
- 1987 年　慶應義塾大学大学院社会学研究科社会学専攻博士課程満期退学
- 現在　尚美学園大学総合政策学部教授，槇田パーソナリティ研究所監事

荒田　芳幸　ARATA Yoshiyuki
- 1950 年　北海道生まれ
- 1976 年　慶應義塾大学大学院社会学研究科社会学専攻修士課程修了
- 現在　明治安田生命保険相互会社勤務

伯井　隆義　HAKUI Takayoshi
- 1938 年　大阪府生まれ
- 1962 年　東京大学文学部心理学科卒業
  東京電力総合研修センター所長，東新ビルディング社長を経て
- 現在　法政大学工学部講師，東新ビルディング顧問

岡　耕一　OKA Koichi
- 1952 年　大分県生まれ
- 1974 年　横浜国立大学経営学部卒業
  興亜石油勤務を経て
- 2006 年　日本社会事業大学大学院福祉マネジメント研究科修士課程修了
- 現在　創造学園大学ソーシャルワーク学部講師，社会福祉法人・福音会勤務，日本ケアリーダー育成研究所代表

管理能力開発のためのインバスケット・ゲーム〔改訂版〕

1988年5月20日　初　版第1刷発行
2008年6月10日　改訂版第1刷発行

|検印省略|

著者　槇田　仁
　　　伊藤　隆一
　　　小林　和久
　　　荒田　芳幸
　　　伯井　隆義
　　　岡　　耕一

発行者　保坂　健治

発行所　株式会社　金子書房
〒112-0012 東京都文京区大塚3-3-7
Tel. 03(3941)0111　Fax. 03(3941)0163
http://www.kanekoshobo.co.jp
振替　00180-9-103376

印刷　藤原印刷㈱　製本　㈱三水舎

© 2008　Hitoshi Makita et al.　Printed in Japan
ISBN978-4-7608-2162-4　C3034